声に出して読みたい新約聖書〈文語訳〉

齋藤孝

草思社

もくじ ■ 声に出して読みたい新約聖書〈文語訳〉

第2部 弟子たち、〝イエスの教え〟を語り継ぐ

言葉の達人イエスの〝魂の叫び〟

イエスのコメント力

私は古今東西の言葉を渉猟《しょうりょう》して選びだす作業をずっとつづけてきましたが、そのなかでもイエスの言葉には格別の力があると感じます。その力は一つひとつがことわざになるような（実際になっている）言葉にあふれています。

こうした力強い言葉を発する人が現代にいたら、即座に人の気持ちを惹《ひ》きつけるだろうと思います。

私はテレビの情報番組でコメンテーターをしていることもあって、よけいにそのように感じます。

コメンテーターは事件や出来事について短くて印象に残る言葉で語らなければならない。テレビ出演に慣れていないと、話が長くなったり詳しくなりすぎたりして、視聴者の心に残らないことがある。一言で心に刻まれるようなコメントができるのがすぐれたコメンテーター。それはたんに短いだけでなく、事の本質をしっかりとらえる眼と、短い言葉に凝縮して伝える力とが求められます。洞察力と言葉の力の両方があってはじめてコメント力が生まれる。

イエスの洞察力と言葉の力は、神の教え、神の存在というものを前提にしていますから、私たちがふだん耳にするコメントとは世界が異なりますが、人の心を惹きつける点では共通のものがあります。

聖書というかたちでイエスの言葉が残っているのは幸運です。のちの人たちによって脚色され劇的に構成されたという見立てもできますが、手が加えられていようがいまいが、今もなお生命力を失わない言葉であることは特筆《とくひつ》すべきです。生命力にあふれる言葉を残したイエスは、おそらく聖書に書きしるされているよりもずっと多くの言葉を使い、表情、身体、気迫、声音などが相まって、その肉声は非常に強い喚起力を持っていたと思います。

ミュージシャンはライブを非常に大事にします。ライブでしか伝えられない「魂の叫び」があるからです。演劇もそうです。生の空間でなければ言葉の価値がほんとうにはわからない。芝居をＤＶＤで観ると、映像にもかかわらず、相当に力が落ちてしまう。ましてや文章化すると、言葉のもつ身体性、肉体性が抜け落ちてしまってさらに弱くなる。

ところが新約聖書という書籍を読み進めていくと、イエスの言葉がどんどん迫ってくる。それは小説家が創作した言葉ではなく、実際に語られた「魂の叫び」です。もしその場に自分がいたなら、心を持っていかれるような感覚を覚えるのではないかと想像します。

心に活力を生むイエスの言葉

民衆を惹きつけ勇気を与える〝生きた言葉〟を吐くイエス。しかし、いつの時代にも大きく新しい力を持つ人は迫害をうけやすい。ましてやこれまでの考え方や常識とは違う視点を掲げる者は、いずれ強大な力を持つに至ったときに体制をおびやかす存在になりかねないとの危機感を権力者に抱かせ、迫害されることになる。

ソクラテスもその一人。彼は若者の教育に熱心でした。知らないことを知っているかのように語るな、知っていることは何であり、何を知らないのかがわかればいいとして、問答をくり返した。そうした問答を通じて、ほんとうの知とは何か、「智を愛する（愛智）」とはどういうことか、人として生きるべき徳とは何なのかを若者に気づかせた。ところが、ソクラテスはあまりに大きな影響力を持つに至ったため、青年たちを誘惑し堕落させたとして裁判にかけられ、「神を冒瀆《ぼうとく》した罪」で死刑を宣告されました。そのあたりの経緯は、ソクラテスの弟子のプラトンが著した『ソクラテスの弁明』に詳しい。

イエスは、人びとを強烈に惹きつける力を持っていたことに加えて、さまざまな奇蹟をおこなった。奇蹟というのは超人的な行為ですから、それも体制にとって脅威になる。そうしたものが相まって、イエス自身の受難だけではなく、使徒たちや弟子たちも迫害を受ける。しかし彼らは苦難に耐えて、のちの世の西洋世界、西洋文化の〝柱〟となるものを宣《の》べ伝えていく。この大きな流れの源流にイエスの迫力のある〝生きた言葉〟があるわけです。

私たちは聖書を通して西洋世界、西洋文化の源流にある言葉に触れることで、キリスト者でなくても心に活力が生まれ、声に出して読むことで、心に一本芯《しん》が通り、勇気をもって生きなさいと鼓舞《こぶ》され、奮いたたせてくれます。声に出して読むといえば、宗教改革者マルティン・ルターは、聖書は黙想してくり返し読むべきだと言いつつ、「声に出して読み、ときには歌うことすら勧めている。五感のすべてを挙げて繰り返し取り組むことで初めて、聖書のことばは深く心に入ってくることを説いている」という（徳善義和『マルティン・ルター――ことばに生きた改革者』）。

よみがえる迫真のドラマ

私はクリスチャンではありませんが、クリスマスやイースター（復活祭）のときなど、折りにふれてバッハの「マタイ受難曲」を聴きます。新約聖書の「マタイによる福音書」のイエスの受難を題材にした曲です。イエスがみずから十字架を背負って石畳の道を刑場まで歩んでいく。人びとの罪を負ってよろめきながら歩く姿――曲を聴きながら聖書を読むと、遠い時代の遠い場所での出来事にもかかわらず、迫真のドラマとしてよみがえり、厳粛な気持ちになります。

ソクラテスは牢獄で毒入りの杯を仰いで死にましたが、イエスはみずから背負って歩いた十字架につけられるという劇的な最期《さいご》を遂《と》げました（「ヨハネによる福音書」による）。十字架に象徴される強烈な生涯が崇高なドラマとなって広がり、それにともなって、新約聖書の物語が数々の絵画や音楽や文学になり、それらを通して、イエスの教えがさらに広まっていった。

ブッダがおだやかな死を迎えたのとは対照的に、イエスの生涯は見ようによっては強すぎる人生です。しかし、クリスチャンでない者、とくに日本人は、距離をおいてイエスの生涯とその教えを「文化」としてとらえることができる。西洋でキリスト教が広まり、音楽、美術、文学、思想、哲学にまで浸透していった理由を源流にさかのぼって知ることは、西洋文化を理解するための基本作業にもなります。

日本では倫理観を養うのに『論語』を素読《そどく》してきました。江戸時代の子どもたちは素読によって孔子の精神性を自分の身に移しかえるということをしていた。時を超えて二五〇〇年前の孔子の言葉を素読することで孔子の精神性にふれるのと同じように、二〇〇〇年前の聖書の言葉を読むことで西洋の原動力、源流にふれることができる。イエスの存在なくして紀元後の西洋社会、文化は考えられません。

論語は孫弟子たちが〝孔子の語った言葉〟を書きとめたものですが、論語の場合には、孔子の教えのエッセンスだけが書きしるされています。それに対して新約聖書には、イエスが弟子たちや出会った人ごとに語った言葉が「場面」として書きしるされ、エピソードとして残されています。マリアがイエスに香油を注ぐ場面、鶏が二度鳴く前にペテロが三度、イエスなど知らないと否認する場面、最後の晩餐の場面等々、印象に残る数々のシーンで構成されているところが聖書の面目躍如《めんもくやくじょ》たるところです。それぞれの場面があたかも一篇の短編映画のように目に浮かんでくる効果がある。ぜひ場面とセットで読んでほしいと思います。一幅の絵画、一篇の短編映画を見たときのような印象を心に刻むことで、心の豊かさが養われます。

イエスを心の中に住まわせる

聖書には「求めよ、さらば与えられん」「豚に真珠」「目から鱗《うろこ》」など警句やことわざのたぐいがたくさん登場します。それらの言葉を抜き出して自分に引き寄せて読むのもいいのですが、私はいわゆる座《ざ》右《ゆう》の銘《めい》的な言葉だけをとりあげるということをあまりしません。その人物を自分の中に住まわせることによって、その人の言葉が「生きた言葉」として自分の中で響くことを大切にしています。
「求めよ、さらば与えられん」という言葉だけを知っているのではなく、イエスの生涯やイエスの考え方や精神性をその言葉を通して心の中に入れることで、イエスの存在が深く刻まれる。そうすると、何かのときに「そういえば、イエスはあのときにあんなことを言っていたな」と心の中で再生される。「孔子も言っていたな」「ブッダも言っていたな」と、偉大な人物の何人かを住まわせていく。そうすることで心の引き出しが豊かになります。

中世の神秘思想家トマス・ア・ケンピスは著書『キリストにならいて』に、「聖書の中に求めるべきことは真理であって、雄弁ではない。すべて聖書はそれが書かれた精神で読むべきである。聖書の中には、言葉の巧みさよりもむしろ魂の益となるものを求めるべきである」（池谷敏雄訳）と書いています。ぜひイエスの全体像を通してその精神に触れていただきたいと思います。

その点、イエスの巧みなたとえ話は、心の中にイエスを住まわせる助けとなります。
「恐れることはない。あなたは人間を漁《すなど》るようになるであろう」「金持ちが神の国に入るより、ラクダが針の穴を通るほうがやさしい」「空の鳥を見なさい、種を播くことも、刈り入れることもせず、また倉に収めることもしない。それなのに、あなたがたの天の父はこれを養ってくださる」

弟子たちが「なぜあの人たち（群衆）にはたとえを用いてお話しになるのですか」と質問すると、イエスは、「**あなたがたには天の国の秘められた教えを悟る恵みが与えられているが、あの人たちには与えられていないからである。**（中略）**だから、私は彼らにはたとえを用いて語るのである。彼らは見ても見ず、**

聞いても聞かず、また悟らないからである」と答えている。イエスが伝えようとした「価値」はすぐにはイメージしにくいものですが、どんな人にも理解できるように補い、理解するだけでなく共感をも呼ぶように、たとえ話を用いて表現したところがイエスのすぐれた技の一つです。イエスは言葉の達人です。「言葉の達人としてのイエス」という観点で読むのも、聖書へのアプローチの一つになります。

言葉の背後にある「沈黙」

いまの社会は言葉が限界を超えてあふれかえっています。インターネットやソーシャル・ネットワーキング・サービス（SNS）の空間を通じて、言葉がひたすら消費され、時間が浪費されている。素晴らしいものも素晴らしくないものもごっちゃになって、膨大なおしゃべりが飛び交っている。

そんな状況にあるとき、「本の中の本」と言われる聖書を読むことの意義は大きいと考えます。自分にとって大切にすべき価値は何かを考えるとき、ぜひ聖書の扉を開いてほしい。聖書の頁をめくる静かな一人の時間を持ち、自分の魂を内側に感じる。そうした静かな時間を持つことができれば、その時間自体が「魂の避難所」になると考えています。

静かな時間といえば、私の愛読書の一つにマックス・ピカートの『沈黙の世界』があります。彼は、もし言葉に「沈黙」の背景がなければ言葉は深さを失ってしまうとして、「沈黙は言葉の放棄と同一のものではない。沈黙は決して、言葉が消失したあとに取り残されたような、見すぼらしいものではない。（中略）沈黙は言葉とおなじく産出力を有し、言葉とおなじく人間を形成する。ただ、その程度が違うだけである。沈黙は人間の根本構造をなすものの一つなのだ」（佐野利勝訳）と言っています。

イエスの言葉はたしかに力強い。けれども、その言葉の背後にはイエスが語っていない「沈黙」がある。それを感じとりながらイエスの言葉を読み、イエスと向き合う。そのことが自分を取りもどす時間、沈黙の充実した時間を持つことになります。

「希望」を発見する

江戸時代の歌人の橘曙覧《たちばなのあけみ》は「たのしみはまれに魚煮て児等《こら》皆がうましうましといひて食ふ時」というふうに、生活の中にある心安らぐ「楽しみ」をつぎつぎと発見していった。「楽しみ」は「希望」につながります。新約聖書には私たちが生きるうえでの「希望」が「発見」できます。イエスは「特定の○○教徒」に向けてではなく、すべての人に福音（イエスの教え）に生きなさいと言った。キリスト教徒であるなしにかかわらず、聖書を読むことで「希望」を「発見」し、魂を安らかにし、心を鎮《しず》めることができます。

今の日本はたしかに豊かな社会ですが、金銭的・物質的幸福とは異なるかたちの幸福感を求める人が増えています。そのようなときだからこそ、「魂の清らかさ」「魂の平安」を大切にするキリスト教の基本的なメッセージが求められている。

「ローマに税金を納めるべきか否《いな》か」と訊《き》かれたイエスは「**皇帝**（カエサル）**のものは皇帝に、神のものは神に返しなさい**」と答えています。金銭のように形のあるものと、形のないものとは、互いに相容れないというか、納めどころが違うと説いたイエス。

キリスト教が人びとの救いになったのは、物質的に貧しい人が多かった時代に魂の平安を求めるということがあったわけですが、物質的にはひととおり満たされていても心に足りないものを感じている今の日本人のほうが、心の拠《よ》りどころとなるものを求めている。だからこそ、イエスの言葉であったり考え方であったり、イエスという存在が心の中にあることで、精神の落ち込みのスパイラルを食い止めることができる。自分という存在の「価値」は何だろうかと不安に陥ったときに支えになる。イエスの言葉の数々を声に出して読むことで心が安らぎ、心が強められ、希望が生まれる。そういう感触を味わうことができたなら、それはイエス・キリストの力によるのです。

ニーチェは『ツァラトゥストラはかく語りき』で、キリスト教が人間性の良い部分を神のほうに持っていってしまって人間性を貶《おとし》めたと批判しますが、イエスがしようとしたことは、本来の人間の「価値」を取り戻すことでした。一人ひとりの中に「良いもの」があり、それに気づき、愛をもって人に接する、そういう融和的な関係性を提示したからこそ、ユダヤ教の選民思想から離れ、世界的な宗教の性格を持つに至ったと考えられます。

不寛容の時代だからこそイエスに立ち返る

融和的な関係性を提示したイエスですが、日本にかぎらず今の社会は「不寛容」の時代とも言えます。一人ひとりの許容範囲が狭まってきて、「あいつらは絶対ゆるせない」などと、すぐに排斥《はいせき》しようとする。「ゆるす」という寛容の精神がどんどん減ってきている。

宗教においても残念なことに、原理主義の対立がありますし、悲しいことに、かつては十字軍や植民地化政策においてキリスト教が先遣隊のような役割をはたしたという事実があります。

十五世紀のスペイン出身のカトリック司祭ラス・カサスは『インディアスの破壊についての簡潔な報告』という本で、キリスト教と文明の名の下に中南米に乗り込んだスペイン人征服者たちの搾取とインディオ殺戮を告発している。ラス・カサスがみずから排斥に加担した痛みに耐えかねて書いたものです。

そうした苦い歴史を知ったうえであらためて聖書を読むと、キリスト教の本質である「愛する」「ゆるす」という精神にいま一度立ち返ることの重要性を痛感します。キリスト教思想家の内村鑑三は「完全なる信仰は円形ではない、楕円形である、自と他との二点を中心として画《えが》かれたるものである」（『内村鑑三全集19』）と言っています。「ゆるせない」と思ったときに、「汝《なんじ》の敵を愛せ」という言葉をイエスに投げかけてもらう。「自分」だけでなく「他者」にも思いを寄せることで、心のバランスを取り戻すことができます。

文語訳で読む聖書

この本では、『文語訳　新約聖書』と『文語訳　旧約聖書』を一冊にまとめた『舊《きゅう》新約聖書　文語訳』（日本聖書協会、二〇一〇年〈平成二十二〉の新約聖書（一九一七年〈大正六〉改訳版）の言葉をとりあげました。文語訳聖書は、日本の聖書翻訳史上、最高の名訳と言われています。

『文語訳』が『口語訳』（一九五四年〈昭和二十九〉）や『新共同訳』（一九七八年〈昭和五十三〉）とどう異なるのかを「ヨハネによる福音書」（文語訳聖書では「ヨハネ伝福音書」と表記）の第11章25〜27節で比較してみます。

◎『文語訳』

『我《われ》は復活《よみがえり》なり、生命《いのち》なり、我を信ずる者は死ぬとも生きん。凡《おおよ》そ生きて我を信ずる者は、永遠《とこしえ》に死なざるべし。汝《なんじ》これを信ずるか』彼《かれ》〈マルタ〉いふ『主よ然《しか》り、我なんぢは世に来《きた》るべきキリスト、神の子なりと信ず』（〈 〉は引用者による）

◎『口語訳』

「わたしはよみがえりであり、命である。わたしを信じる者は、たとい死んでも生きる。また、生きていて、わたしを信じる者は、いつまでも死なない。あなたはこれを信じるか。」マルタはイエスに言った、「主よ、信じます。あなたがこの世にきたるべきキリスト、神の御子であると信じております。」

◎『新共同訳』

「わたしは復活《ふっかつ》であり、命である。わたしを信じる者は、死んでも生きる。生きていてわたしを信じる者はだれも、決して死ぬことはない。このことを信じるか。」マルタは言った。「はい、主よ、あなたが世に来られるはずの神の子、メシアであるとわたしは信じております。」

『文語訳』の「われはよみがえりなり、いのちなり、われをしんずるものはしぬともいきん……」と声に出して読むと、文語特有の韻律《いんりつ》と響きの効果も相まって、イエスが語ったときの「魂の叫び」が迫力をもって伝わってきます。この本で文語訳をとりあげた理由がここにあります。

ただ文語訳は現代人にはやや取っつきにくいかもしれません。しかし幸いなことに、『舊新約聖書　文語訳』にはすべての漢字にルビが振られているので十分に読めますし、この本では『聖書　新改訳』『口語訳聖書』『聖書　新共同訳』『新約聖書　フランシスコ会聖書研究所訳注』などを参照して現代語訳を付けました。

文語訳聖書はルビにも妙味があります。先にとりあげたように「復活」には「よみがえり」と振られているのをはじめ、「患難」には「なやみ」、「負債」には「おいめ」、「邪曲」には「よこしま」というふうにルビが振られています。漢字とルビの相乗効果で情感が増していると私は感じます。

ただ、文語訳以降の聖書学の研究によって訂正された言葉もあります。たとえば神を意味する「エホバ」は現在では「ヤーヴェ（ヤハウェ）」と表記されます。

新約聖書は二十七の文書から成っていますので、限られた紙数ではとてもすべてを採録できません。この本では、私の心の琴線《きんせん》にふれた言葉を中心にとりあげています。私はクリスチャンではありませんし、神学や聖書学を専門に研究しているわけでもありません。私なりに聖書の言葉を咀嚼《そしゃく》し、触発されたことを書いています。読者のみなさんには、みなさんなりの読み方、受け止め方があると思います。

そういう私も五年後、十年後に目を通すときには、違った読み方、受け止め方をするかもしれません。聖書は「生きている」のです。

この本では、マタイ、マルコ、ルカ、ヨハネの「四大福音書」は、イエスの誕生から受難・復活までを時系列的に並べて（正確に時系列で並べることは困難なのですが）第1部とし、「使徒行伝《ぎょうでん》」（使徒言行録）以下は新約聖書の順番に並べて第2部としました。また、巻末に解説を掲げました。本文を読んでいただいたうえで解説を読むと、よりいっそう理解が深まると思います。

『聖書』は英語で『ザ・バイブル』（The Bible）と言います。ギリシア語の「ビブリオン」（古代の紙の原料であるパピルスの髄《ずい》の部分）に由来し、「集められたもの」「編纂されたもの」という意味から転じて「書物」。「ザ・バイブル」すなわち「ザ・ブック」です。「本のなかの本」の扉を開いてみてください。

本書で引用した文語訳の言葉は『舊新約聖書　文語訳』（日本聖書協会、二〇一〇年）に準拠した。引用にあたっては、旧字体（旧漢字）を新字体（新漢字）に改め、ルビを新仮名遣いに改め、改行をほどこした。また原典では『　』でくくられたイエスなどの言葉（本来全体で一つの言葉なので分離はできないのだが）の一部を引用した場合にも「　」でくくるなどの変更を加えた。現代語訳は『聖書　新改訳』『口語訳聖書』『聖書　新共同訳』『新約聖書　フランシスコ会聖書研究所訳注』などを参照した。

【イエスの十二使徒】

〈ペテロ〉　ガリラヤの漁師出身。イエスの一番弟子。本名はシモンだが、イエスからペテロ（ペトロ）の名を与えられた。のちに初代ローマ教皇に擬せられる。

〈アンデレ〉　ペテロの弟で、同じくガリラヤの漁師出身。伝承によれば、ギリシアのある地方のローマ総督の妻を改宗させたことから、X字型の十字架で処刑された。

〈ゼベタイの子ヤコブ〉（大ヤコブ）　ガリラヤの漁師出身。弟ヨハネと共にイエスの弟子になった。スペインを中心に布教し、最期はエルサレムで斬首された。

〈ヨハネ〉　ガリラヤの漁師出身。ヤコブ（大ヤコブ）の弟。十二使徒でただ一人、殉教しなかったとされる。

〈トマス〉　漁師出身。イエスが復活したとき、処刑のときに受けた傷を触るまで復活を信じないと言ってイエスを怒らせた。インドで布教中に殉教したとされる。

〈シモン〉　弟子になる前はローマ帝国からの独立をめざす「熱心党」の一員。ペルシアやアルメニアで布教。

〈マタイ〉　本名レビ。税金を取り立てる徴税人の出身。エチオピアあるいはトルコで殉教したとされる。

〈ヤコブ〉「ゼベタイの子ヤコブ」（大ヤコブ）と区別するため「小ヤコブ」とも呼ばれる。

〈タダイ〉「ルカによる福音書」にある「ヤコブの子ユダ」と同一人物と考えられている。

〈ピリポ〉（フィリポ）「ヨハネによる福音書」によればベトサイダの出身。友人のバルトロマイをイエスに紹介した。

〈バルトロマイ〉　ナタナエルとも。フィリポに誘われてイエスに引き合わされた。

〈ユダ〉　元は熱心党の一員。イエス一行の会計係を任されていたが、銀貨三十枚でイエスを裏切った。「ヤコブの子ユダ」（タダイ）との混同を避けるため、〈イスカリオテ（カリオテ村出身）のユダ〉とも呼ばれる。「マタイによる福音書」によれば、イエスの死の前に銀貨を神殿に投げこんだのち自殺した。

第1部

イエス、〝愛〟を語る

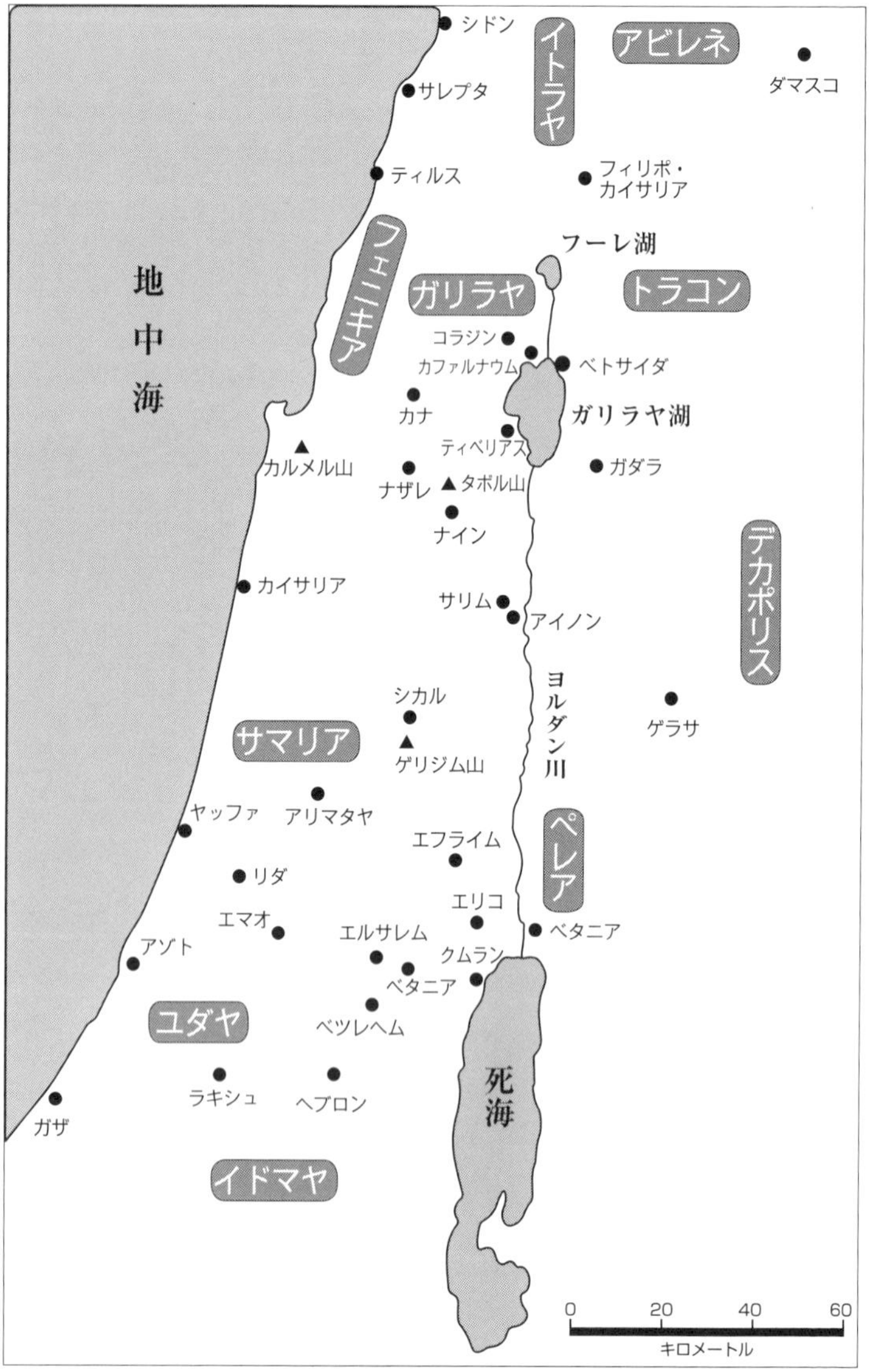

新約聖書の時代のパレスチナ

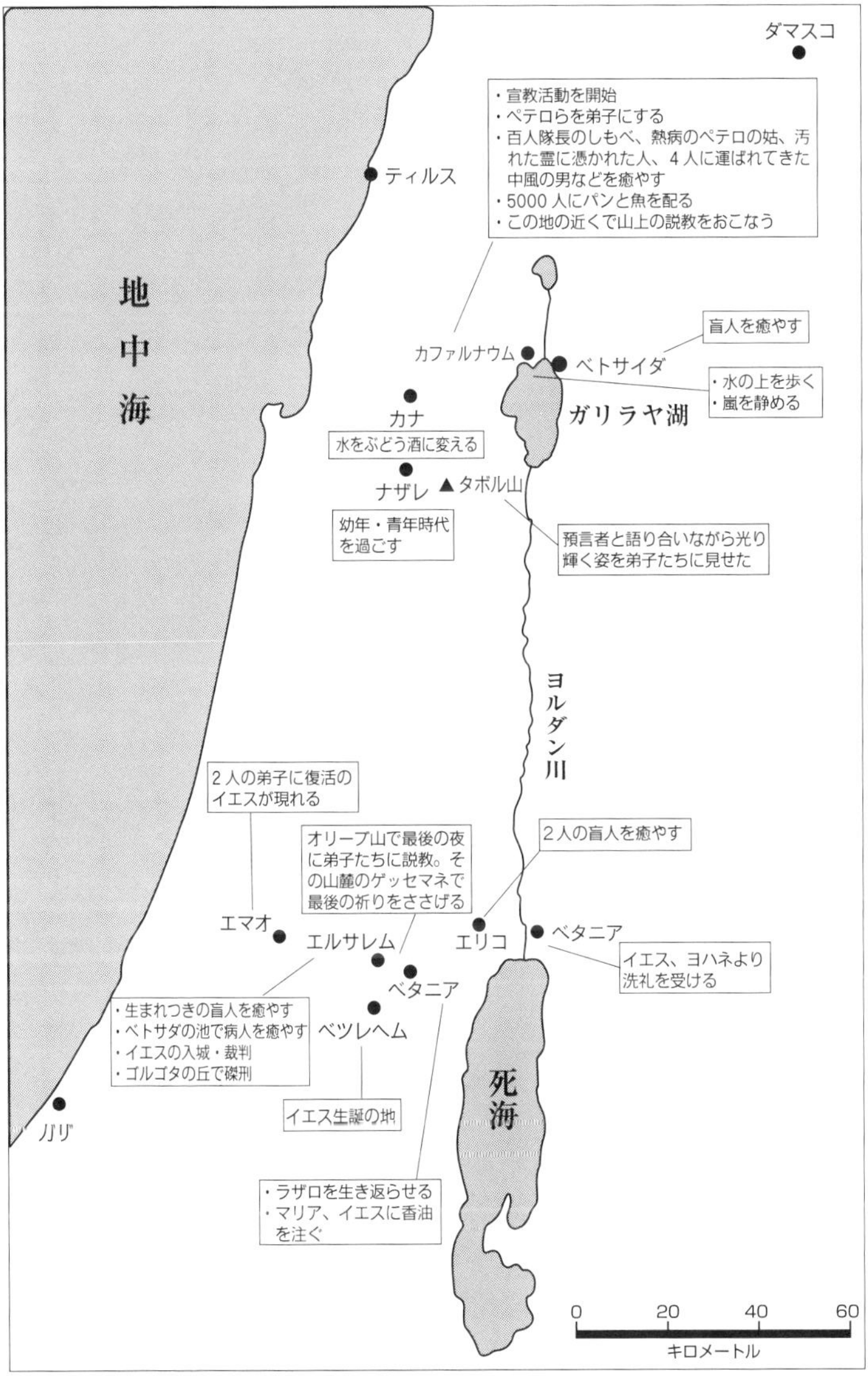

ダマスコ
・宣教活動を開始
・ペテロらを弟子にする
・百人隊長のしもべ、熱病のペテロの姑、汚れた霊に憑かれた人、4人に運ばれてきた中風の男などを癒やす
・5000人にパンと魚を配る
・この地の近くで山上の説教をおこなう
ティルス
地中海
盲人を癒やす
カファルナウム
ベトサイダ
・水の上を歩く
・嵐を静める
カナ
ガリラヤ湖
水をぶどう酒に変える
ナザレ
タボル山
幼年・青年時代を過ごす
預言者と語り合いながら光り輝く姿を弟子たちに見せた
ヨルダン川
2人の弟子に復活のイエスが現れる
オリーブ山で最後の夜に弟子たちに説教。その山麓のゲッセマネで最後の祈りをささげる
2人の盲人を癒やす
エマオ
エルサレム
エリコ
ベタニア
イエス、ヨハネより洗礼を受ける
ベタニア
・生まれつきの盲人を癒やす
・ベトサダの池で病人を癒やす
・イエスの入城・裁判
・ゴルゴタの丘で磔刑
ベツレヘム
死海
ガザ
イエス生誕の地
・ラザロを生き返らせる
・マリア、イエスに香油を注ぐ
0 20 40 60
キロメートル

イエスの足跡

1　マリアよ、恐れるな。その子をイエスと名づけなさい

（天使ガブリエルがマリヤ〔マリア〕に告げた）

『めでたし、恵《めぐ》まるる者《もの》よ、主《しゅ》なんぢと偕《とも》に在《いま》せり』マリヤこの言《ことば》によりて心《こころ》いたく騒《さわ》ぎ、斯《か》かる挨拶《あいさつ》は如何《いか》なる事《こと》ぞと思《おも》ひ廻《めぐ》らしたるに、御使《みつかい》いふ『**マリヤよ、懼《おそ》るな**、汝《なんじ》は神《かみ》の御前《みまえ》に恵《めぐみ》を得《え》たり。視《み》よ、なんぢ孕《みごも》りて男子《なんし》を生《う》まん、**其《そ》の名《な》をイエスと名《な》づくべし**。彼《かれ》は大《おおい》ならん、至高者《いとたかきもの》の子《こ》と称《とな》へられん。また主《しゅ》たる神《かみ》、これに其《そ》の父《ちち》ダビデの座位《くらい》をあたへ給《たま》へば、ヤコブの家《いえ》を永遠《とこしえ》に治《おさ》めん。その国《くに》は終《おわ》ることなかるべし』

（ルカ伝福音書1章28〜33）

ボッティチェリ「受胎告知」
（左が天使、右が身をよじるようにしてとまどうマリア）

「おめでとう、恵まれた方。主はあなたと共におられる」。マリアは天使のこの言葉にとまどい、この挨拶は何のことかと考えこんだ。すると天使は言った。「**マリアよ、恐れることはない**。あなたは神から恵みをいただいた。あなたは身ごもって男の子を産む。**その子をイエス**（「神は救いなり」の意）**と名づけなさい**。その子は偉大な人となり、いと高き方の子と言われる。神である主は、彼に父ダビデ（イスラエル王国第二代王）の王座を与え、彼はヤコブの家（イスラエルの民）を永遠に治め、その支配は終わることがない」

ダ・ヴィンチ、エル・グレコ、ボッティチェリなどの絵でも知られる「受胎《じゅたい》告知」。神の御使《みつか》い（天使）ガブリエルが現れて「おめでとう、恵まれた方」と懐妊《かいにん》を祝福するが、マリアはとまどう。ヨセフも許嫁《いいなずけ》のマリアが身ごもっていると知ってとまどった。ヨセフはユダヤ民族の始祖アブラハムから数えて四十一代目にあたり、「正しい人（律法《りっぽう》に忠実な人）」と評されていた。律法とはユダヤの法律で、これを守らない者は罪人《つみびと》とされたため、ヨセフはひそかに婚約を解消しようとするが、天使が夢の中で訪れ、マリアの胎内の子は旧約聖書で預言された「救い主（イエス・キリスト）」であると告げる。

「（父親のわからない）マリアの子」とさげすまされる運命のもとに生まれたイエスは、「**これらの小さな者が一人でも滅びることは、天の父**（神）**の御心《みこころ》ではない**」と、貧しく、しいたげられ、抑圧された人たちや弱い立場の人たちに寄り添うようにと、同じ小さな者の立場から説いた。

2　東方の博士は母マリアといる幼子を見て、ひれ伏して拝んだ

ここにヘロデ密《ひそか》に博士《はかせ》たちを招《まね》きて、星《ほし》の現《あらわ》れし時《とき》を詳細《つまびらか》にし、彼《かれ》らをベツレヘムに遣《つかわ》さんとして言《い》ふ『往《ゆ》きて幼児《おさなご》のことを細《こまか》にたづね、之《これ》にあはば我《われ》に告《つ》げよ。我《われ》も往《ゆ》きて拝《はい》せん』

彼《かれ》ら王《おう》の言《ことば》をききて往《ゆ》きしに、視《み》よ、前《さき》に東《ひがし》にて見《み》し星《ほし》、先《さき》だちゆきて、幼児《おさなご》の在《いま》すところの上《うえ》に止《とど》まる。かれら星《ほし》を見《み》て、歓喜《よろこび》に溢《あふ》れつつ、家《いえ》に入《い》りて、**幼児《おさなご》のその母《はは》マリヤと偕《とも》に在《いま》すを見《み》、平伏《ひれふ》して拝《はい》し、**かつ宝《たから》の匣《はこ》をあけて、黄金《おうごん》・乳香《にゅうこう》・没薬《もつやく》など礼物《れいもつ》を献《ささ》げたり。

（マタイ伝福音書2章7〜11）

そこで、ヘロデはひそかに博士たちを呼び寄せ、星が現れたのはいつだったかを確かめた。そして、「行って、その幼子《おさなご》のことを丹念《たんねん》に捜し、見つかったなら、私に知らせてくれ。私も拝《おが》みに行こう」と言って、彼らをベツレヘムに送りだした。博士たちは王の言葉を聞いて出かけた。すると、彼らが東方で見た星が先導し、幼子のいる場所の上まで来て止まった。博士たちはその星を見て、非常に喜んだ。家に入ってみると、**母マリアと共にいる幼子を見て、博士たちはひれ伏して拝んだ**。そして、宝の箱を開けて、黄金、乳香（燃やして神にささげるよい香のする樹脂）、没薬（埋葬する前に遺体に塗る樹液）を贈り物としてさきげた。

イエス誕生は「マタイ伝福音書」（マタイによる福音書）では「東方の博士たち」（占星術の学者）に知らされた。彼らがエルサレムに来て「ユダヤ人の王として生まれた方の星が東方で上《のぼ》るのを見たので拝みに来た」と話すと、それを伝え聞いたヘロデ大王（ユダヤの王。のちに救世主出現を恐れて二歳以下の男子を皆殺しにした）は自分の地位が脅かされるのを懸念《けねん》した。そこで大祭司や律法学者（ユダヤ法の学者）を集めてメシア（救い主）はどこに生まれるかを問いただしたところ、「ユダヤのベツレヘムです」と答えた。この場面につづくのが右頁の言葉。博士たちは東方（ペルシア？）の人で、ユダヤ（イスラエル）の民からすると異邦人。差別的に扱われた彼ら異邦人に救い主誕生が最初に知らされた。彼らのように「小さな者」の目には、「小さな者」として生まれたイエスの「偉大さ」が見えていたのだろう。

3 地には平安が、御心にかなう人びとにあるように

（御使い〔天使〕に天の大軍が加わって神をほめたたえた）

『いと高《たか》き処《ところ》には栄光《えいこう》、神《かみ》にあれ。
地《ち》には平和《へいわ》、主《しゅ》の悦《よろこ》び給《たま》ふ人《ひと》にあれ。』

（ルカ伝福音書2章14）

「いと高きところには栄光が、神にあるように。地には平安が、御心《みこころ》にかなう人びとにあるように」

「ルカ伝福音書」（ルカによる福音書）では、イエス誕生の喜びの知らせは、最初に羊飼いたちに告げられた。夜、羊飼いが野宿をしながら羊の群れを見張っていたとき、神の御使い（天使）が現れ、「飼い葉桶《ばおけ》に寝ている乳飲み子」こそ「メシア」（救い主）であると宣言する。そして突然、御使いに天の大軍が加わり、「**いと高き処には栄光、神にあれ。地には平和、主の悦び給ふ人にあれ**」（高いところにおいて神にある栄光が、地の上にももたらされ、平安が善き人びとにあるように）と言った。神の栄光をほめたたえる歌であり、大きな恵みが与えられた喜びを告げる歌でもある。

遊牧の羊飼いは風呂にも入れず、教育の機会もなく、一日たりとも羊の世話を休めない。律法に定められた安息日《あんそくび》を守ることができないため、当時はさげすまれていた。宗教改革者マルティン・ルターは「『羊かいたちは……帰って行った』と〈聖書に〉書いてあります。（中略）なぜ、かれらはすべてのものをなげうってキリストにしたがわなかったのですか？（中略）しかし、聖書ははっきり言っています。羊かいたちは帰って前と同じ仕事にしたがったと。かれらは自分たちのつとめを軽蔑《けいべつ》することなく、ふたたび忠実にそのわざにしたがいました」（『クリスマス・ブック』R・ベイントン編、中村妙子訳、〈 〉は引用者による）と言っています。「**あなたがたのために救い主がお生まれになった**」と言われた羊飼いたちは、神はさげすまれている者を見棄てておかれないと「希望」を抱き、その「希望」に生きはじめた。

4 悔い改めよ。天の国は近づいた

その頃《ころ》バプテスマのヨハネ来《きた》り、
ユダヤの荒野《あらの》にて教《おしえ》を宣《の》べて言《い》ふ
『なんぢら悔改《くいあらた》めよ、天国《てんこく》は近《ちか》づきたり』
これ預言者《よげんしゃ》イザヤによりて、斯《か》く云《い》はれし人《ひと》なり。曰《いわ》く
『荒野《あらの》に呼《よば》はる者《もの》の声《こえ》す
「主《しゅ》の道《みち》を備《そな》へ、
その路《みち》すぢを直《なお》くせよ」』

（マタイ伝福音書3章1〜3）

そのころバプテスマ（洗礼者《せんれいしゃ》）のヨハネが現れ、ユダヤの荒れ野で教えを告げ知らせて、「**悔い改めよ。天の国は近づいた**」と言った。

預言者イザヤによって「荒れ野で叫ぶ者の声がする。『主の道を整え、その歩む道をまっすぐにせよ』」と言われたのは、この人のことである。

イエスの青年時代は知ることができない。イエスは三十歳になろうとするころ洗礼者（バプテスマ）のヨハネからヨルダン川（ガリラヤ湖を通って死海に注ぐ）で洗礼を受ける。洗礼とはギリシア語で「浸す」の意。沐浴《もくよく》して罪の穢《けが》れを清める宗教的儀式で、日常的にくりかえされていた。

これに対してヨハネは、過去の自分を洗い流し、新たな者として生まれ変わるのはただ一度のこととして、ヨルダン川の水で「悔い改め」の洗礼をはじめた。旧約聖書（イザヤ書）に「**荒れ野で叫ぶ者の声がする。『主の道を整え、その歩む道をまっすぐにせよ』**」とあるように、ヨハネの使命はイエスの救い主としての道を備えることにあった。横綱イエスの土俵入りの露払《つゆはら》い役といったところ。

「悔い改め」というと、ふつうは悪いおこないを「悔いて」「改める」（改心）と考えるが、聖書で言う「回心《かいしん》」は、心のベクトルを一八〇度転換させて、まったく違う方向（神）に向けること。

天の国（天国、神の国）とは、死後の行き先の「天国」でもなければ、国境で区切られた「国」でもなく、「神がおられるところ」「神の力が働いているところ」を意味する。

5 神は独り子をお与えになったほどに、この世を愛された

それ神《かみ》はその独子《ひとりご》を賜《たま》ふほどに世《よ》を愛《あい》し給《たま》へり、すべて彼《かれ》を信《しん》ずる者《もの》の亡《ほろ》びずして、永遠《とこしえ》の生命《いのち》を得《え》んためなり。

神《かみ》その子《こ》を世《よ》に遣《つかわ》したまへるは、世《よ》を審《さば》かん為《ため》にあらず、彼《かれ》によりて世《よ》の救《すく》はれん為《ため》なり。

（ヨハネ伝福音書3章16〜17）

神はその独り子（イエス）**をお与えになったほどに、この世を愛された。独り子を信じる者が一人として滅びることなく、永遠の命を得るためである。**神が御子《みこ》をこの世に遣わされたのは、世を裁くためでなく、御子によって世が救われるためである。

「**神はその独り子をお与えになったほどに、この世を愛された。独り子を信じる者が一人として滅びることなく、永遠の命を得るためである**」という言葉は、「たとえ聖書全部が失われても、この言葉一つあれば神の救いのなんであるかをわきまえることができる」「この一節は聖書の縮図、また小さな福音書である」「これは新約聖書の富士山である」などと評され、マルティン・ルターもこの言葉を「小福音書」と呼んで大切にした。

「神はその独り子をお与えになった」はクリスマス（キリスト降誕）のメッセージを端的に語っている。神は世を愛され、一人ひとりを愛された。人間が自分たちの罪のために滅んでいくのをよしとしなかったので、最愛の独り子を世に遣わした。

「お与えになった」には、プレゼントとしてイエスをいただいたという程度の意味ではなく、イエス・キリストを十字架に「ささげてくださった」という意味も含まれている。さらに、その先には「復活」の福音も垣間見えている。マタイ・マルコ・ルカ・ヨハネの四つの福音書にはイエスの降誕から受難・復活にいたるイエス・キリストの救いの恵みが記されているように、右頁のわずか数行の言葉にも「降誕」から「受難」「復活」までが語られている。ルターが「小福音書」と呼んだ理由がここにある。

6　人はパンだけで生きるものではない

ここにイエス御霊《みたま》によりて荒野《あらの》に導《みちび》かれ給《たま》ふ、悪魔《あくま》に試《こころ》みられんとするなり。四十日四十夜《しじゅうにちしじゅうや》断食《だんじき》して、後《のち》に飢《う》えたまふ。
試《こころ》むる者《もの》きたりて言《い》ふ
『汝《なんじ》もし神《かみ》の子《こ》ならば、命《めい》じて此等《これら》の石《いし》をパンと為《な》らしめよ』
答《こた》へて言《い》ひ給《たま》ふ
『「人《ひと》の生《い》くるはパンのみに由《よ》るにあらず、神《かみ》の口《くち》より出《い》づる凡《すべ》ての言《ことば》に由《よ》る」と録《しる》されたり』

（マタイ伝福音書4章1〜4）

さて、イエスは霊に導かれて荒れ野に行かれた。それは悪魔によって試みられるためであった。そして、四十日四十夜、断食したのち、空腹を覚えられた。
そのとき、試みる者が近づき、「あなたが神の子なら、これらの石がパンになるように命じたらどうだ」と言った。イエスは答えて、「『**人はパンだけで生きるものではない。神の口から出る一つ一つの言葉によって生きる**』と書いてある」と言われた。

イエスは洗礼を受けたあと、荒れ野で四十日間、一人で断食する。空腹のイエスは、ここで悪魔から、「神の子なら石をパンに変えさせてみせろ」と誘惑される。そのときイエスは「『**人はパンだけで生きるものではない。神の口から出る一つ一つの言葉によって生きる**』**と書いてある**」と答えた。

「書いてある」というのは、旧約聖書の「申命記《しんめいき》」の一節の引用による。奴隷とされていたイスラエルの民を率いてエジプトを脱出し、四十年のあいだ荒れ野を放浪したモーセに、「**あなたの神、主が導かれたこの四十年の荒れ野の旅を思い起こしなさい。**（中略）**主はあなたを苦しめ、飢えさせ、あなたも先祖も味わったことのないマナを食べさせられた。人はパンだけで生きるのではなく、人は主の口から出るすべての言葉によって生きることをあなたに知らせるためであった**」とイスラエルの民を前に語らせている。

天から降ってきた不思議な食べもの「マナ」は「神の言葉」であり「神の愛」。マナを食べるとは、「神の言葉を心の内に宿し、咀嚼《そしゃく》し、その力で生きる」こと。「**あなたの宝**（神の言葉）**のあるところに、あなたの心もある**」

7 恐れることはない。あなたは人間を漁《すなど》るようになるであろう

シモン・ペテロ之《これ》を見《み》て、イエスの膝下《ひざもと》に平伏《ひれふ》して言《い》ふ

『主《しゅ》よ、我《われ》を去《さ》りたまへ。我《われ》は罪《つみ》ある者《もの》なり』

これはシモンも偕《とも》に居《お》る者《もの》もみな、漁《すなど》りし魚《うお》の夥多《おびただ》しきに驚《おどろ》きたるなり。ゼベダイの子《こ》にしてシモンの侶《とも》なるヤコブもヨハネも同《おな》じく驚《おどろ》けり。

イエス、シモンに言《い》ひたまふ

『懼《おそ》るな、なんぢ今《いま》よりのち人《ひと》を漁《すなど》らん』

かれら舟《ふね》を陸《おか》につけ、一切《いっさい》を棄《す》ててイエスに従《したが》へり。（ルカ伝福音書5章8～11）

これを見たシモン・ペテロは、イエスの足もとにひれ伏し、「主よ、私から離れてください。私は罪深い者なのです」と言った。それは、シモンも一緒にいた者も、大漁にひどく驚いたからである。シモンの仲間であったゼベダイの子ヤコブ（大ヤコブ）やヨハネも同じであった。イエスはシモンに向かって「**恐れることはない。これからのち、あなたは人間を漁るようになるであろう**」と言われた。そこで彼らは舟を陸に上げ、何もかも捨ててイエスに従った。

吉田松陰は「草莽崛起《そうもうくっき》」（在野の人よ立ち上がれ）を掲げて「無名の弟子」たちを鼓舞し、彼らは志士として新しい世を切り開く働きをした。「無学のただの漁師」と呼ばれたペテロはイエスの弟子となり、のちにカトリック教会が彼を初代ローマ教皇にみなすほどの働きをすることになった。

ペテロたちは一晩じゅう働いたにもかかわらず獲物を取ることができなかった。落胆する彼らに、イエスは「沖に漕ぎだして漁をしなさい」とうながす。とまどいながらもう一度網をおろすと、驚くべき漁獲を手にすることができた。ペテロたちはイエスの言葉を信じなかったことを恥じたが、イエスは彼らを弟子に招いた。「**人間を漁《すなど》る**」とは、「人間の魂を救う働き」をすること。その条件はただ一つ、イエスについていくこと。ペテロたちは、貧しいながらも仕事や家族など未練や迷いがあったはずだ。しかし、人生には一度は大事な決断をしなければならない「時」がある。イエスは、もっと大きな仕事のための働きに加わるために、私の教えに信頼して歩みを起こせ、と彼らを招いた。

8　心の貧しい人は幸いである、天の国はその人のものだから

（イエスはガリラヤ湖近くの丘の上で弟子や群衆に説いた）

『幸福《さいわい》なるかな、心《こころ》の貧《まず》しき者《もの》。
天国《てんこく》はその人《ひと》のものなり。』

（マタイ伝福音書5章3）

――「心の貧しい人は幸いである、天の国はその人のものだからである」

イエスの「山上の説教（垂訓《すいくん》）」の一節。「幸福《さいわい》なるかな」と八回くり返されるので、「幸福の説教」とも呼ばれる。右頁の言葉はその冒頭のもの。「天の国」は「神がおられるところ」。「神の力が働いているところ」。「幸いである」は「神の力添えがある」という意味。「心が貧しい」は、何も誇るものを持っていない、神に頼るしかない状態。ということで、「心の貧しい人は幸いである、天の国はその人のものだからである」は「心を尽くして神に『依《よ》り頼む』しかない人は神からの力添えがある。神の働きによって生かされ、大いなる希望がある」となる。

これに続いて、七つの「幸福」について説かれている。「悲しむ人は幸いである、その人は慰められる。柔和な人は幸いである、その人は地を受け継ぐ（恵みを受け継ぐ）。義に飢え渇く人は幸いである、その人は満たされる。憐れみ深い人は幸いである、その人は憐れみを受ける。心の清い人は幸いである、その人は神を見る。平和を実現する人は幸いである、その人は神の子と呼ばれる。義のために迫害される人は幸いである、天の国はその人のものである」。そしてイエスはつづけた。「私のためにののしられ、迫害され、身におぼえのないことで悪口《あっこう》を浴びせられるとき、あなたがたは幸いである。喜びなさい。大いに喜びなさい。天には大きな報いがある」

9　あなたがたは地の塩である。あなたがたは世の光である

（イエスは説いた）

『汝《なんじ》らは地《ち》の塩《しお》なり、塩《しお》もし効力《こうりょく》を失《うしな》はば、何《なに》をもてか之《これ》に塩《しお》すべき。後《のち》は用《よう》なし、外《そと》にすてられて人《ひと》に踏《ふ》まるるのみ。**汝《なんじ》らは世《よ》の光《ひかり》なり。**山《やま》の上《うえ》にある町《まち》は隠《かく》るることなし。また人《ひと》は燈火《ともしび》をともして升《ます》の下《した》におかず、燈台《とうだい》の上《うえ》におく。かくて燈火《ともしび》は家《いえ》にある凡《すべ》ての物《もの》を照《てら》すなり。かくのごとく汝《なんじ》らの光《ひかり》を人《ひと》の前《まえ》にかがやかせ。これ人《ひと》の汝《なんじ》らが善《よ》き行為《おこない》を見《み》て、天《てん》にいます汝《なんじ》らの父《ちち》を崇《あが》めん為《ため》なり。』（マタイ伝福音書5章13～16）

「**あなたがたは地の塩である。**もし塩がそのききめをなくしたならば、何によって塩味をつけることができようか。その塩はもはや何の役にも立たず、外に捨てられ、人びとに踏みつけられるだけである。**あなたがたは世の光である。**山の上にある町は、隠れることができない。また、灯《ともしび》をともしたとき、それを枡《ます》の下に置く者はいない。燭台《しょくだい》の上に置く。こうすれば、家の中のものすべてを照らす。そのように、あなたがたの光を人びとの前に輝かしなさい。このようにすれば、人びとはあなたがたのよいおこないを見て、天におられるあなたがたの父（神）をほめたたえるであろう」

イエスは、「地の塩となりなさい、世の光となりなさい」ではなく、「あなたがたは地の塩である、世の光である」と言い切っている。あなたたちは神によってすでに味付けされ、光がすでに与えられている。だから、そのことに気づいて喜び、それを生かして用いなさいと説いた。塩は塩自体を味わうものではなく、料理の味つけとなってはじめて存在感を発揮する。自分を生かして他者を生かすことができたとき、はじめて地の塩の価値が発揮される。光も暗闇を照らしたときに効果を発揮する。

「**愛する兄弟のみなさん、よく聞きなさい。神は、世の貧しい人たちをあえて選んで、信仰に富ませ、神を愛する人に約束された御国を受け継ぐ者となさったではありませんか。それなのに、あなたがたは貧しい人を侮《あなど》ったのです**」（「ヤコブの書」〈ヤコブの手紙〉）とある。そうした貧しい人たちの痛みに共感し、仲間の痛みを見過ごせない存在となる、それがイエスの言う地の塩、世を照らす光ということだ。

10 みだらな思いで女を見る者は心ですでに姦淫したのである

（イエスは説いた）

『「姦淫《かんいん》するなかれ」と云《い》へることあるを汝等《なんじら》きけり。

されど我《われ》は汝《なんじ》らに告《つ》ぐ、

すべて色情《しきじょう》を懐《いだ》きて女《おんな》を見《み》るものは、

既《すで》に心《こころ》のうち姦淫《かんいん》したるなり。』

（マタイ伝福音書5章27〜28）

「あなたがたも聞いているとおり、『姦淫してはならない』と命じられている。
しかし、私はあなたがたに言っておく。**みだらな思いで女を見る者はだれでも、その女を姦淫したのである**」

「**姦淫するなかれ**」は、神がシナイ山の山頂でモーセに授けた十の戒律（十戒《じっかい》）の一つ。イエスはこの戒律に加えて、「**色情を懐きて女を見るものは、既に心のうち姦淫したるなり**」と説いている。女性に対してみだらな思いを抱くこと自体が姦淫と同罪だと言われて、悩む男性は少なくないだろう。

イエスは右頁の言葉につづけて、「**もし右の目なんぢを躓《つまず》かせば、抉《くじ》り出《いだ》して棄てよ、五体の一つ亡《ほろ》びて、全身ゲヘナに投げ入れられぬは益なり。もし右の手なんぢを躓かせば、切りて棄てよ、五体の一つ亡びて、全身ゲヘナに往《ゆ》かぬは益なり**」と言っている。右の目がみだらな思いで女性を見るなら、えぐり出して捨ててしまえ。右の手が情欲を発散させようとするなら、切って捨ててしまえ。目や手を失おうとも、全身（五体）が地獄（ゲヘナ）に投げ込まれるよりましである。

カトリックとプロテスタントが協働して訳した『聖書　新共同訳』では「女」が「他人の妻」とされている。この訳に準拠すれば、女性全般にそうした思いを持つことが問題なのではなく、「他人の妻」である女性にそのような思いを持つことをイエスは戒めたことになる。

11　だれかが右の頬を打ったならば左の頬をも向けなさい

（イエスは説いた）

『「目《め》には目《め》を、歯《は》には歯《は》を」と云《い》へることあるを汝《なんじ》ら聞《き》けり。

されど我《われ》は汝《なんじ》らに告《つ》ぐ、悪《あ》しき者《もの》に抵抗《てむか》ふな。

人《ひと》もし汝《なんじ》の右《みぎ》の頬《ほほ》をうたば、左《ひだり》をも向《む》けよ。

なんぢを訟《うった》へて下衣《したぎ》を取《と》らんとする者《もの》には、上衣《うわぎ》をも取《と》らせよ。

人《ひと》もし汝《なんじ》に一里《いちり》ゆくことを強《し》ひなば、共《とも》に二里《にり》ゆけ。

なんぢに請《こ》ふ者《もの》にあたへ、借《か》らんとする者《もの》を拒《こば》むな。』

（マタイ伝福音書5章38～42）

「あなたがたも聞いているとおり、『目には目を、歯には歯を』と命じられている。しかし、私はあなたがたに言っておく。悪人に手向かってはならない。**もしだれかがあなたの右の頰を打ったならば左の頰をも向けなさい**。あなたを訴えて下着を取ろうとする者には上着をもやりなさい。誰かが一ミリオンの道を歩かせようと強《し》いるなら、一緒に二ミリオン歩きなさい。求める者には与えなさい。あなたから借りようとする者に背を向けてはならない」

「**目には目を、歯には歯を**」は旧約聖書の「モーセの律法」にある言葉（元はハムラビ法典にある言葉）。誰かと争って相手を傷つけたとき、傷つけたのと同じだけのダメージを自分が負わなければならないというもの。報復の拡大を抑えるという点では、なかなかの法と言える。

ところがイエスは、報復そのものをやめて、相手によくしなさいと言う。当時は裁判にかけられて下着を取りあげられることはあっても上着までは召しあげられなかった。にもかかわらず、イエスは貧しい人には夜具にもなる大切な上着を相手に渡せ、ローマ兵に強制されて荷を負わされて一ミリオン（約一・五キロメートル）行かなければならないときはそれを超えて共に歩め。このようなことを自分の意思でやるとき気持ちは相手に勝っている。相手を大きな心で包み込んでしまう。これがイエスの戦わずして勝つ方法だ。使徒ペテロが、自分に罪を犯した者を何回までゆるせばよいですか、七回までですか、と問うと、イエスは「**否**《いな》**、われ『七度**《ななたび》**まで』とは言わず『七度**《ななたび》**を七十倍**《しちじゅうばい》**するまで』と言ふなり**」と答えた。

12 あなたがたの敵を愛し、迫害する者のために祈りなさい

（イエスは説いた）

『「なんぢの隣《となり》を愛《あい》し、なんぢの仇《あた》を憎《にく》むべし」と云《い》へることあるを汝等《なんじら》きけり。

されど我《われ》は汝《なんじ》らに告《つ》ぐ、**汝《なんじ》らの仇《あた》を愛《あい》し、汝《なんじ》らを責《せ》むる者《もの》のために祈《いの》れ**。これ天《てん》にいます汝《なんじ》らの父《ちち》の子《こ》とならん為《ため》なり。天《てん》の父《ちち》は、その日《ひ》を悪《あ》しき者《もの》のうへにも善《よ》き者《もの》のうへにも昇《のぼ》らせ、雨《あめ》を正《ただ》しき者《もの》にも正《ただ》しからぬ者《もの》にも降《ふ》らせ給《たま》ふなり。』

（マタイ伝福音書5章43～45）

「あなたがたも聞いているとおり、『あなたの隣人を愛し、自分の敵を憎め』と命じられている。

しかし、私はあなたがたに言っておく。**あなたがたの敵を愛し、あなたがたを迫害する者のために祈りなさい**。それは、あなたがたが天におられる父（神）の子となるためである。天の父は、悪い人の上にも善い人の上にも太陽を昇らせ、正しい人にも正しくない人にも雨を降らせてくださるからである」

イエスは右頁の冒頭で「**あなたの隣人を愛し、自分の敵を憎め**」と命じられていると言った。ところが、この言葉に該当する旧約聖書（「レビ記」）の一節には、「心の中で兄弟を憎んではならない」「復讐してはならない」「恨みを抱いてはならない」「自分自身を愛するように隣人を愛しなさい」と書いてあるが、「敵を憎め」とまでは書いていない。イエスはなぜこの部分を付け加えたのか。ユダヤ教では、隣人はユダヤの同胞に限定されていたので、同胞への愛を強調すれば、おのずから異邦人は排除される。それは「敵を憎め」と言っているのと同じこと、とイエスはとらえたのだろう。

イエスは「**自分を愛してくれる者を愛したところで、あなたがたになんの報いがあろうか**」としたうえで、同胞・異邦の垣根を越えて、「**敵を愛し、自分を迫害する者のために祈りなさい**」と、迫害する者をも大切にすべき隣人の中に入れた。

13　右の手のすることを左の手に知らせてはならない

（イエスは説いた）

『汝《なんじ》ら見《み》られんために己《おの》が義《ぎ》を人《ひと》の前《まえ》にて行《おこな》はぬやうに心《こころ》せよ。然《しか》らずば、天《てん》にいます汝《なんじ》らの父《ちち》より報《むくい》を得《え》じ。さらば施済《ほどこし》をなすとき、偽《ぎ》善者《ぜんしゃ》が人《ひと》に崇《あが》められんとて会堂《かいどう》や街《ちまた》にて為《な》すごとく、**己《おの》が前《まえ》にラッパを鳴《なら》すな。**

誠《まこと》に汝《なんじ》らに告《つ》ぐ、彼《かれ》らは既《すで》にその報《むくい》を得《え》たり。**汝《なんじ》は施済《ほどこし》をなすとき、右《みぎ》の手《て》のなすことを左《ひだり》の手《て》に知《し》らすな。**是《これ》はその施済《ほどこし》の隠《かく》れん為《ため》なり。さらば隠《かく》れたるに見《み》たまふ汝《なんじ》の父《ちち》は報《むく》い給《たま》はん。』

（マタイ伝福音書6章1～4）

「あなたがたは人びとの前で自分のよいおこないを見せびらかさないように気をつけなさい。さもないと、天におられるあなたがたの父（神）から報いを受けることはできないであろう。だから、施しをするときには、人からほめられようとして会堂や街角で施しをする偽善者たちのように、**自分の前でラッパを吹き鳴らしてはならない**。あなたがたによく言っておく。彼らはすでにその報いを受けている。**あなたが施しをするときは、右の手のすることを左の手に知らせてはならない**。あなたの施しを人目につかせないためである。そうすれば、隠れたことを見ておられるあなたの父は報いてくださるであろう」

「人に見てもらおうとして人前で善行をしないように気をつけなさい」と言ったイエス。貧しい人への施しはユダヤの律法では「しなければいけない義務」。ところがイエスの時代には、困っている人への同情心からではなく、名誉心から「施し」をする人びとがいた。彼らは人にほめられたいがためにユダヤの会堂や表通りといった人目につく場所を選んでおこなっていた。これ見よがしの「**ラッパを吹く**」行為だ。イエスはそのような人たちを「偽善者」（自分の名誉と誇りのために芝居をする者）と呼んで批判し、「**右の手のすることを左の手に知らせてはならない**」と言った。右手と左手のたとえは、「もっとも近くにいる者にも知らせるな」の意。人からほめられなくとも神はきちんと見ている。

14　私たちの日ごとの糧を今日もお与えください

（イエスは祈るときには「このように祈りなさい」と手本を示した）

「天《てん》にいます我《われ》らの父《ちち》よ、
願《ねが》はくは御名《みな》の崇《あが》められん事《こと》を。
御国《みくに》の来《きた》らんことを。
御意《みこころ》の天《てん》のごとく地《ち》にも行《おこな》はれん事《こと》を。
我《われ》らの日用《にちよう》の糧《かて》を今日《きょう》もあたへ給《たま》へ。
我《われ》らに負債《おいめ》ある者《もの》を我《われ》らの免《ゆる》したる如《ごと》く、
我《われ》らの負債《おいめ》をも免《ゆる》し給《たま》へ。
我《われ》らを嘗試《こころみ》に遇《あ》はせず、悪《あく》より救《すく》ひ出《いだ》したまへ。」（マタイ伝福音書6章9〜13）

ミレー「晩鐘」（教会から聞こえる夕刻の鐘に合わせて祈りをささげる農民夫婦）

「天におられる私たちの父よ、
御名《みな》が聖とされますように。
御国《みくに》が来ますように。
御心《みこころ》が天におこなわれるとおり地にもおこなわれますように。
私たちの日ごとの糧を今日もお与えください。
私たちの罪をおゆるしください。
私たちも人をゆるします。
私たちを誘惑におちいらせず、悪からお救いください」

イエスが「このように祈りなさい」と示した「主の祈り」。主の祈りはどう祈るべきかの手本。この手本をまねして祈ってはいけないか。自分の言葉で祈らなければいけないか。大切なことは、手本の祈りであっても、そうでなくても、「心から祈っているか」だ。「**祈るときは、くどくどと言ってはならない。彼らは言葉数さえ多ければ、聞き入れられると思っている。彼らのまねをしてはならない。あなたがたの父**（神）**は、あなたが願う前から、あなたが必要なものを知っておられるのだ**」とイエスが言っているように、「長々と祈る」ことは求められておらず、神は私たちが必要とするものをよくご存じなのだから、心を込めて祈りさえすればよいと説いた。

15　自分のために天に富を積みなさい

（イエスは説いた）

『なんぢら己《おの》がために財宝《たから》を地《ち》に積《つ》むな、

ここは虫《むし》と銹《さび》とが損《そこな》ひ、盗人《ぬすびと》うがちて盗《ぬす》むなり。

なんぢら己《おの》がために財宝《たから》を天《てん》に積《つ》め、

かしこは虫《むし》と銹《さび》とが損《そこな》はず、盗人《ぬすびと》うがちて盗《ぬす》まぬなり。

なんぢの財宝《たから》のある所《ところ》には、なんぢの心《こころ》もあるべし。』

（マタイ伝福音書6章19〜21）

「あなたがたは自分のために地上に富を積んではならない。そこでは、虫や錆がつき、泥棒が忍び込んで盗みだす。**あなたがたは自分のために天に富を積みなさい**。そこでは、虫も錆もつかず、泥棒が忍び込んで盗みだすこともない。あなたの富のあるところに、あなたの心もあるからである」

イエスは「**自分のために天**（神の働くところ）**に富を積みなさい**」と言っている。富を持つことの善し悪しではなく、どのように富を用いるかを問うている。「ルカによる福音書」には、イエスのこんな話が載っている。ある金持ちの畑が豊作であった。作物をたくわえておく場所がない彼は、倉を取りこわして、もっと大きい倉を建て、そこに穀物や財産を蓄えておくことにした。そして自分に言い聞かせた。「安心して、食べたり飲んだりして楽しめ」。しかし神は彼に言った。「**愚かな者よ、今夜おまえの命は取りあげられる。おまえが蓄えたものは、いったいだれのものになるのか**」

この男は一生懸命に働いて多くの収穫を得た。後ろ指を指されることはないはずだが、自分のことしか考えなかったために神から「愚か者」とされた。

「**自分のために富を積んでも、神の前に豊かにならない**」のだから「**与えなさい**」とイエスは説いた。「**貧しい者をあわれむ者は主に貸すのだ、その施しは主が償われる**」。小さな者を助けるのは神に富を「貸す」こと。そのおこないに対して神は素晴らしい「利息」を払ってくれる。

16　空の鳥を見なさい、種を播くことも、刈り入れることもしない

（イエスは説いた）

『何《なに》を食《くら》ひ、何《なに》を飲《の》まんと生命《いのち》のことを思《おも》ひ煩《わずら》ひ、
何《なに》を著《き》んと体《からだ》のことを思《おも》ひ煩《わずら》ふな。
生命《いのち》は糧《かて》にまさり、体《からだ》は衣《ころも》に勝《まさ》るならずや。
空《そら》の鳥《とり》を見《み》よ、播《ま》かず、刈《か》らず、倉《くら》に収《おさ》めず、
然《しか》るに汝《なんじ》らの天《てん》の父《ちち》は、これを養《やしな》ひたまふ。
汝《なんじ》らは之《これ》よりも遥《はるか》に優《すぐ》るる者《もの》ならずや。』

（マタイ伝福音書6章25〜26）

「自分の命のことで、何を食べ、何を飲もうかと、また自分の体のことで何を着ようかと、思いわずらってはならない。

命は食べ物より大切なもの、体は着物より大切なものではないか。

空の鳥を見なさい、種を播くことも、刈り入れることもせず、また倉に収めることもしない。それなのに、あなたがたの天の父（神）はこれを養ってくださる。

あなたがたは、鳥よりも、もっとすぐれたものではないか」


太宰治は『鷗《かもめ》――ひそひそ聞える。なんだか聞える。』という短編で、「いのちは糧《かて》にまさり、からだは衣《ころも》に勝るならずや。空飛ぶ鳥を見よ、播かず、刈らず、倉に収めず。野の百合《ゆり》は如何《いか》にして育つかを思え、労せず、紡《つむ》がざるなり、されど栄華を極めしソロモンだに、その服装《よそおい》この花の一つにも如《し》かざりき。きょうありて明日、炉に投げ入れらるる野の草をも、神はかく装い給えば、まして汝《なんじ》らをや。汝ら、之《これ》よりも遥かに優《すぐ》るる者ならずや。というキリストの慰めが、私に、『ポオズ〈ポーズ〉でなく』生きる力を与えてくれたことが、あったのだ」と書いている（〈 〉は引用者による）。

人間ならば「播く」「刈る」「収める」は生きるために必要な仕事。しかし、鳥はそれをしなくても生かされている。仕事をしなくてもいいということではない。欲望を充たすためにあくせく暮らすのではなく、人生でほんとうに大切なものは何か、何によって生かされているかを考えなさいということだ。

17　何を食べ、飲み、着ようかと思いわずらってはならない

（イエスは説いた）

『汝《なんじ》らの中《うち》たれか思《おも》ひ煩《わずら》ひて身《み》の長《たけ》一尺《いっしゃく》を加《くわ》へ得《え》んや。又《また》なにゆゑ（え）衣《ころも》のことを思《おも》ひ煩《わずら》ふや。野《の》の百合《ゆり》は如何《いか》にして育《そだ》つかを思《おも》へ、労《ろう》せず、紡《つむ》がざるなり。されど我《われ》なんぢらに告《つ》ぐ、栄華《えいが》を極《きわ》めたるソロモンだに、その服装《よそおい》この花《はな》の一《ひと》つにも及《し》かざりき。今日《きょう》ありて明日《あす》炉《ろ》に投《な》げ入《い》れらるる野《の》の草《くさ》をも、神《かみ》はかく装《よそお》ひ給《たま》へば、まして汝《なんじ》らをや、ああ信仰《しんこう》うすき者《もの》よ。さらば**何《なに》を食《くら》ひ、何《なに》を飲《の》み、何《なに》を著《き》んとて思《おも》ひ煩《わずら》ふな。**』

（マタイ伝福音書6章27〜31）

「あなたがたのうち、だれが思いわずらったからといって、寿命を一刻でも延ばすことができるだろうか。なぜ着るもののことで思いわずらうのか。野のユリがどのように育つのかをよく見なさい。労働に骨折ることも、紡ぐこともしない。あなたがたに言っておく。栄華を極めたソロモン王（イスラエル王国を最盛期に導いた第三代王）でさえ、この花の一つほどにも着飾っていなかった。

　今日は生えていて、明日は炉に投げ込まれる野の草でさえ、神はこれほどに装ってくださるのだから、ましてあなたがたに対して、よくしてくださらないわけがない。信仰の薄い者たちよ、あなたがたは、**何を食べようか、何を飲もうか、何を着ようかと思いわずらってはならない**」


　前項の「空の鳥」につづく「野の百合」。野の花は人が見ていようが見ていまいが、日なたであろうが日陰であろうが、命のかぎりひたすらに咲いている。あなたたちも着飾ったり、欲望を満たすのにあくせくするのはやめなさい。神から与えられた「平安」という着物を大事に着つづけなさい。

　キルケゴールは『野の百合・空の鳥』（久山康訳）で、「われわれは百合と鳥とを沈黙の教師として観《み》てゆこう。われわれはかれらから沈黙することを学ぼう」。百合はたとえ萎《しお》れようとも沈黙している。鳥も沈黙している。自分たちが立派に生かされており、すべてのことが「適当な時に起こる」のを知っているからである。沈黙は「何も語らない」のではなく、神への畏敬《いけい》の始まりであり、沈黙の中に多くの感謝の言葉が口をつぐんでいる。が、人間は思いわずらって「黙って待つことができない」と説いた。

18 その日の苦労はその日だけで十分である

（イエスは説いた）

『この故《ゆえ》に明日《あす》のことを思《おも》ひ煩《わずら》ふな、
明日《あす》は明日《あす》みづから思《おも》ひ煩《わずら》はん。
一日《いちにち》の苦労《くろう》は一日《いちにち》にて足《た》れり。』

（マタイ伝福音書6章34）

「だから、明日のことまで思いわずらってはならない。
明日のことは明日、思いわずらえばよい。
その日の苦労はその日だけで十分である」

古代ローマ人は「メメント・モリ（死はいつ訪れるかわからないことを忘れるな）」という警句を好んだという。もっとも、彼らの場合、「明日死ぬかもしれないのだから今を楽しもう」というのが本音で、胃薬を飲みながら美食に耽《ふけ》ったとも言われる。

「明日は明日の風が吹く」「明日があるさ」と言うが、「明日は別な日になってしまうのだから、明日や将来のことを心配しても、いいことは一つもない。今日というかけがえのない日を悔いのないように、今すべきことに一生懸命に取り組むのが大切」というふうに解釈すると、「いまはそんなに頑張らなくてもいい」「とりあえず適当に力を抜いてやろう」とは意味が違うことがわかる。

今日一日、やるべきことを頑張ってやる。やるべきことから逃げずに誠実に向き合う。そのために今日という日があり、そうしてこそ希望を明日に託すことができる。今日を喜べなければ、一生喜べないかもしれない。内村鑑三は「一日は貴《とうと》い一生である。〈明日のことを思いわずらって〉これを空費してはならない」（『一日一生』。〈　〉は引用者による）と説いた。

19 あなたがたの真珠を豚に投げ与えてはならない

（イエスは説いた）

『聖《せい》なる物《もの》を犬《いぬ》に与《あた》ふな。
また真《しん》珠《じゅ》を豚《ぶた》の前《まえ》に投《な》ぐな。
恐《おそ》らくは足《あし》にて踏《ふ》みつけ、
向《む》き返《かえ》りて汝《なんじ》らを噛《か》みやぶらん。』

（マタイ伝福音書7章6）

「聖なるものを犬に与えてはならない。
また、**あなたがたの真珠を豚に投げ与えてはならない。**
豚はそれを足で踏みにじり、犬は向き直ってあなたがたを嚙み裂くであろう」

「豚に真珠」は聖書のこの言葉に由来するとされる。旧約聖書によれば、犬や豚は汚《けが》れた動物であり、食用とすることが禁じられただけでなく、犬や豚に出会って触れてしまった人は、それだけで穢《けが》れを負うとされた。

イエスの教えを受け入れられないでいる人を、聖なるものを犬に与えても悟ることがない、真珠のように価値のあるものを豚に与えてもその値打ちを理解できない、とたとえた。

人はついつい「何を言っても聞く耳をもたない」「目に塵《ちり》があって曇っている」などと人を見下したり批判したりすることがある。ところが、そのような人にかぎって、「塵どころか梁《はり》が目に張ってしまって」、聞き入れようともしない、見ようともしない、かたくなな心になっている。イエスはそんなかたくなな心を砕いて、教えを受け入れるスペースを心の中につくりなさいと説いた。

それでもなお、「**豚はそれを足で踏みにじり、犬は向き直ってあなたがたを嚙み裂くであろう**」と、イエスに反発して足で踏みつけ、牙《きば》をむく者がいると、こののち試練に遭うこと（受難）を暗示している。

20 求めつづけなさい、そうすれば与えられるであろう

（イエスは説いた）

『求《もと》めよ、さらば与《あた》へられん。
尋《たず》ねよ、さらば見出《みいだ》さん。
門《もん》を叩《たた》け、さらば開《ひら》かれん。
すべて求《もと》むる者《もの》は得《え》、
たづぬる者《もの》は見《み》いだし、
門《もん》をたたく者《もの》は開《ひら》かるるなり。』

（マタイ伝福音書7章7〜8）

「**求めつづけなさい、そうすれば与えられるであろう。探しつづけなさい、そうすれば見つかるであろう。門をたたきつづけなさい、そうすれば開かれる。**

だれであれ、求めつづける者は受け、探しつづける者は見つけ、門をたたきつづける者には開かれる」

イエスは「すべきこと」を「しつづける」ようにと求めている。文語訳の「**求めよ**」「**尋ねよ**」「**叩け**」は、原文のギリシア語では「求めつづけよ」「尋ねつづけよ」「叩きつづけよ」となる。野球のイチロー選手は「小さい事を重ねることが、とんでもないところに行くただ一つの道だ」と言っている。

右頁の言葉につづけて、「**あなたがたのうち、自分の子がパンを求めているのに、石を与える者がいるであろうか。魚を求めているのに、蛇を与える者がいるであろうか。このように、あなたがたは**（ときに傲慢《ごうまん》であったり身勝手だったりする）**悪い者でありながら、自分の子どもにはよい物を与えることを知っている。まして、天におられるあなたがたの父**（神）**が、求める者たちによい物をくださらないことがあろうか。だから、人にしてもらいたいと望むことは何でも、人にしてあげなさい**」と説いた。

論語の「己《おのれ》の欲せざることを人に施すなかれ」は、自分がしてほしくないことは人にもしてはいけないという教えだが、イエスは「人から自分にしてもらいたいと望むことを、人にもしてあげなさい」と説いた。論語の教えとイエスの教えの違いは、受け身か積極性かだ。

21　狭い門から入りなさい

（イエスは説いた）

『狭《せま》き門《もん》より入《い》れ、
滅《ほろび》にいたる門《もん》は大《おお》きく、
その路《みち》は広《ひろ》く、之《これ》より入《い》る者《もの》おほし。
生命《いのち》にいたる門《もん》は狭《せま》く、
その路《みち》は細《ほそ》く、之《これ》を見出《みいだ》す者《もの》すくなし。』

（マタイ伝福音書7章13〜14）

「**狭い門から入《はい》りなさい**。滅びに通じる門は広く、そこに通じる道は広々としていて、そこから入る者は多い。しかし、命に至る門は狭く、そこに通じる道は細く、それを見いだす者は少ない」

競争率が高いことを「狭き門」と言うが、文語表現になっているのは、アンドレ・ジッドの小説『狭き門』が日本で広く読まれているからだろうか。この作品の冒頭近くで、牧師がチャペルで「力を尽して狭き門より入れ。滅びにいたる門は大きく、その路《みち》は広く、之《これ》より入る者おおし。生命《いのち》にいたる門は狭く、その路は細く、之を見いだす者すくなし」(山内義雄訳)と読みあげる。

みずからの文学作品を通してキリスト教の伝道に生涯を捧げた三浦綾子さんの小説に『広き迷路』という作品がある。主人公は故郷の旭川から東京に向かった。故郷、家族から離れて、だれにも見とがめられることのない自由を得た主人公は、大都会の欲望に身をまかせ、自己中心に生きることで、滅びに至る迷路に入り込んでしまう。『広き迷路』という題名は、右頁の言葉を下敷きにしている。

広い門は通ったこともわからないほど簡単に通り抜けてしまうが、狭い門だと太ったままでは通れない。よけいなものを脱ぎ捨てないと入れない。だから執着や怠惰や傲慢など心に住みついた余分なものをダイエットしなさい、とイエスは説いた。

「ヨハネによる福音書」では、「**私は門である。私を通って入る者は救われる。その人は門を出入りして牧草**(神が働くところにある平安な生活)**を見つける**」とイエスは言っている。

22　人の口は心にあふれるものを語るものである

（イエスは説いた）

『悪《あ》しき果《み》を結《むす》ぶ善《よ》き樹《き》はなく、
また善《よ》き果《み》を結《むす》ぶ悪《あ》しき樹《き》はなし。
樹《き》はおのおの其《そ》の果《み》によりて知《し》らる。
茨《いばら》より無花果《いちじく》を取《と》らず、野荊《のばら》より葡萄《ぶどう》を収《おさ》めざるなり。
善《よ》き人《ひと》は心《こころ》の善《よ》き倉《くら》より善《よ》きものを出《いだ》し、
悪《あ》しき人《ひと》は悪《あ》しき倉《くら》より悪《あ》しき物《もの》を出《いだ》す。
それ心《こころ》に満《み》つるより、口《くち》は物《もの》言《い》ふなり。』

（ルカ伝福音書6章43〜45）

「良い木は悪い実を結ばないし、悪い木は良い実を結ばない。
木の善し悪しはその実によってわかる。
いばらからイチジクは採れず、野バラからブドウを集めることはできない。
善い人は、良いものを入れた心の倉から良いものを出し、
悪い人は、悪いものを入れた心の倉から悪いものを出す。
人の口は心にあふれるものを語るものである」

三浦綾子さんは「人間は弱い者である。たとえ幾多の才があっても、大きな意欲があっても、『ダメな奴』と言われればたちまちしぼんでしまう。逆に、才がなくても気力がなくても、相手の一言によって生きる力を与えられる」（『忘れえぬ言葉』）と書いている。

「**口に入《い》るものは人を汚《けが》さず、されど口より出《い》づるものは、これ人を汚すなり**」——口に入るものは腹を通って厠《かわや》に落ちるが、口から出るもの、すなわち心から出てくるものは人を汚すことがある、とイエスは説いている。

私たちが口にする言葉やそれにともなうおこないを軽く考えてはいけないだけではなく、「善い木」「善い倉」——言葉やおこないを生みだす「心の倉」——に目を向けることが求められている。

23　私の言葉を聞いておこなう者は、岩の上に家を建てる

（イエスは説いた）

『凡《すべ》て我《わ》がこれらの言《ことば》をききて行《おこな》ふ者《もの》を、磐《いわ》の上《うえ》に家《いえ》をたてたる慧《さと》き人《ひと》に擬《なずら》へん。』

（マタイ伝福音書7章24）

『凡《おおよ》そ我《われ》にきたり我《わ》が言《ことば》を聴《き》きて行《おこな》ふ者《もの》は、如何《いか》なる人《ひと》に似《に》たるかを示《しめ》さん。即《すなわ》ち家《いえ》を建《た》つるに、地《ち》を深《ふか》く掘《ほ》り岩《いわ》の上《うえ》に基《もとい》を据《す》ゑ《(え)》たる人《ひと》のごとし。』

（ルカ伝福音書6章47〜48）

「私のこれらの言葉（イエスが山上で弟子や群衆に語った垂訓）**を聞いてそれをおこなう者はみな、岩の上に自分の家を建てた賢い人にたとえられる」**

「私のもとに来て、私の言葉を聞き、それをおこなう者がどういう人に似ているかをあなたがたに示そう。それは**地面を深く掘り下げ、岩の上に土台を据えて家を建てた人に似ている」**

イエスの「たとえ話の名人」ぶりがここでも発揮されている。賢い人は岩の上に家を建て、愚かな人は砂の上に家を建てた。雨が降って川があふれたとき、砂上の家は倒れてしまう。岩の土台はしっかりしているが、砂の土台はもろい。しかし、砂の上に建てるほうがずっと簡単で楽だ。岩の上に家を建てようとすれば苦労するし、時間もかかる。だから、人はつい安易なほうを選んでしまう。人生をどのように築いていくのか、どう生きていくのか、その土台をどこに置くのか。「**私の言葉を聞いてそれをおこなう**」ことこそ、あなたがたが土台とするべき岩なのだ、とイエスは説いた。

石油をアメリカ英語では「オイル」、イギリス英語では「ペトロリアム」と言う。ペトロは「石」「岩」の意味。イエスが一番弟子ペテロ（ペトロ）を「シモン・ペテロ」と呼んだのは、ペテロ（シモンは本名）に「岩」のように揺らぐことのない信仰を期待してのことだろう。

ペテロはイエスの受難のときに関係を追及されてイエスなど知らないと三度にわたって否認するが、イエスの復活後に「岩のように堅固な信仰」を持つに至る。

24　私が来たのは、正しい人ではなく、罪人を招くためである

（徴税人や罪人《つみびと》たちと食卓を囲んだイエス。これを見たパリサイ〔ファリサイ〕派の人びとが、イエスの弟子たちに「なぜあなたがたの先生は彼らと一緒に食事をするのか」と非難した。これを聞いたイエスは言った）

『健《すこや》かなる者《もの》は医者《いしゃ》を要《よう》せず、ただ、病《や》める者《もの》これを要《よう》す。なんぢら往《ゆ》きて学《まな》べ「われ憐憫《あわれみ》を好《この》みて、犠牲《いけにえ》を好《この》まず」とは如何《いか》なる意《こころ》ぞ。

我《われ》は正《ただ》しき者《もの》を招《まね》かんとにあらで、罪人《つみびと》を招《まね》かんとて来《きた》れり』

（マタイ伝福音書9章12～13）

「医者を必要とするのは健康な者ではなく、病人である。『私が求めるのは、憐れみであって犠牲ではない』とはどういう意味か、行って学んできなさい。**私が来たのは、正しい人を招くためでなく、罪人を招くためである**」

「**我は正しき者を招かんとにあらで、罪人を招かんとて来れり**」は、親鸞《しんらん》が唱えた悪人正機説《あくにんしょうき》「善人なおもって往生を遂《と》ぐ、いわんや悪人をや」に通じるものがある。

イエスは道すがら、マタイ（本名「レビ」）という男が収税所に座っているのを目にする。群衆はイエスのもとに行ったのに、マタイは徴税人ゆえにその仲間に入ることができずにいた。

徴税人はローマ帝国のためにユダヤの民から税金を徴収する役目。強奪者と呼ばれ、嫌悪の的にされ、当時、遊女と共に「公認された罪人《つみびと》」とされていた。なかでも律法の遵守《じゅんしゅ》に厳格なパリサイ派の人びとは、徴税人と一緒に食事をすることは嫌悪すべきことであり、大きな罪を犯すことだと考えた。

ところがイエスはこのタブーを破り、徴税人のマタイをはじめ罪人と共に食卓を囲んだ。そして、自らを「義人」と称している人びとではなく、彼らによって「罪人」のレッテルを貼られた人びとを招くために来たのだと宣言する。マタイが立ち上がってイエスに従ったとき、彼の心にこれまで味わうことのなかった喜びと平安が満ちあふれ、イエス・キリストにあって新しいブドウ酒（イエスの教え）を入れる新しい皮袋（器）となり、イエスの使徒になった。

25 収穫は多いのに、これを刈り取る働き手が少ない

（イエスは、多くの人びとが羊飼いのいない羊の群れのように疲れはて、打ちひしがれているのを見て、深く憐れに思い、弟子たちに言った）

『収穫《かりいれ》はおほく労動人《はたらきびと》はすくなし。
この故《ゆえ》に収穫《かりいれ》の主《しゅ》に、
労動人《はたらきびと》をその収穫場《かりいれば》に遣《つかわ》し給《たま》はんことを求《もと》めよ』

（マタイ伝福音書9章37〜38）

「収穫は多いのに、これを刈り取る働き手が少ない。
だから、刈り入れのために働き手を送ってくださるよう、収穫の主に祈り求めなさい」

イエスは自分の教えが評判になっても、ユダヤの会堂で教えを告げ知らせることはあっても、みずから会堂を設けることはなかった。専用の会堂を設けてより多くの人を集めれば、ずっと効率よく宣教できたにちがいない。

しかし、イエスに「費用対効果」の考えはなかった。「**群衆が飼い主のいない羊のように弱りはて、打ちひしがれているのを見て、深く憐れまれ**」、大きい町も小さい村もまわって、直接の対話をなにより重んじた。

イエスは九十九匹の羊だけでなく、見棄てられている一匹の羊に教えを告げ知らせるために、町々を、村々を、自分の足で歩いてまわった。何か大きなことをするときには、効率という考えはじゃまになることがある。

そしてイエスは、苦しんでいる人たち、弱さを抱えている人たち一人ひとりと連帯する（刈り入れする）には働き手が少ない、と弟子たちをこの働きに招いた。

26 蛇のように賢く、鳩のように素直でありなさい

（イエスは説いた）

『視《み》よ、我《われ》なんぢらを遣《つかわ》すは、
羊《ひつじ》を豺狼《おおかみ》のなかに入《い》るるが如《ごと》し。
この故《ゆえ》に
蛇《へび》のごとく慧《さと》く、
鴿《はと》のごとく素直《すなお》なれ。』

（マタイ伝福音書10章16）

「今、私はあなたたちを遣わすが、それはあたかも羊を狼の群れの中に送り入れるようなものである。だから、**蛇のように賢く、鳩のように素直でありなさい**」

イエスは弟子たちの運命を知っていた。いずれユダヤの会堂で鞭打たれたり、王の前に引きだされて詰問《きつもん》されたり、自分の名のために人びとに憎まれることを。弟子たちは金もなければ、身を守る杖もない。教えを語り継ぐ使命をイエスから授けられただけだった。聖俗の権力を握り、律法などをわがものにする狼の群れの中に羊のように無防備な姿で送りだされる弟子たちに、だからあなたたちはその餌食にならないように賢く振る舞いなさい。身を守る武器は、蛇のように感性鋭く、鳩のように素直であることしかない。しかし、それさえあれば大丈夫だと勇気づけて送りだした。イエスの「贈る言葉」だ。

一九四一年（昭和十六）三月、反軍・反戦思想を問われて四年前に東大教授を辞していたクリスチャンの矢内原忠雄《やないはらただお》（戦後に東大総長を務めた）は「卒業生を送る」と題してつぎのように呼びかけた。「君たちを今の時勢に於《お》いて世に送るは、特別小羊を狼の中に入れるようなものだ。併《しか》し心配することはない。君たちが信仰に立つ限り、神は君たちの盾《たて》となり、力となって下さる。**小賢《こざか》しく立ち廻るな。率直に歩め**。（中略）急ぐな。失敗しても悲しむな。失敗は誰にでもある。失敗によって神を知ることが出来れば、失敗も幸福なのだ。（中略）神を愛せよ。隣人を愛せよ。少しでも周囲の人々を助けよ。殊《こと》に弱き者を助けよ。君たちの存在をして、弱き者には喜ばれ、傲《おご》る者には憎まれるものたらしめよ。君たち互《たが》いに愛せよ。愛だけが永遠に残るのである。さらば往け、元気で、主の平安の中に」（『矢内原忠雄全集17』）

27　重荷を負う人は私のもとに来なさい。休ませてあげよう

（イエスは説いた）

『凡《すべ》て労《ろう》する者《もの》・重荷《おもに》を負《お》ふ者《もの》、
われに来《きた》れ、われ汝《なんじ》らを休《やす》ません。
我《われ》は柔和《にゅうわ》にして心卑《こころひく》ければ、
我《わ》が軛《くびき》を負《お》ひて我《われ》に学《まな》べ、
さらば霊魂《たましい》に休息《やすみ》を得《え》ん。
わが軛《くびき》は易《やす》く、わが荷《に》は軽《かろ》ければなり』

（マタイ伝福音書11章28〜30）

「**疲れた者、重荷を負っている者はだれでも、私のもとに来なさい。休ませてあげよう。**私は心優しく、謙遜な者であるから、私の軛を負い、私に学びなさい。そうすれば魂は安らぎを見いだすであろう。私の軛は負いやすく、私の荷は軽いからである」

軛《くびき》とは牛馬が農作業でスキを引いて畑を耕すときに首につける木製の首輪。この軛によって力まずに重いスキや荷車を引くことができる。「人生の重荷に疲れている」原因は自分の心そのものにあることが多い。そんな自縛《じばく》を解いて人生の重荷を軽くし、「魂の安らぎを見いだす」には私の軛を受け入れなさいとイエスは言う。「**私は心優しく、謙遜な者である**」から、「あなたたちの痛みや苦しみが自分のこととしてわかる」。イエスの軛は注意深く形づくられているから「負いやすい」。こまかに細工をして道具を整える職人のように、イエスは人生の荷を引けるように救いの技を心こまやかに発揮する。

中学校の体育教師としてクラブ活動の指導中に頸椎《けいつい》を損傷して手足の自由を失い、病床で受洗《じゅせん》した、詩人で画家の星野富弘さんは右頁の言葉を「何度も何度も読み返しているうちに、どういうわけか、重い心の中に、温かなものが湧いて来るような気がしました。『重荷を負ったそのままで、私のところに来なさい。』と言う、キリストと言う人が、今まで会った誰よりも、大きな人に思えました」と、ある教会のPR誌に書いている。マルティン・ルターは「休ませる」を「元気づける」と訳した。「だらりと休ませるのではない。本当に休ませ、活力を与え、元気づける、という意味である」（徳善義和『マルティン・ルター　ことばに生きた改革者』）

28

聞く耳のある者は聴きなさい

（イエスは説いた）

『良《よ》き地《ち》に落《お》ちし種《たね》あり、
生《は》え出《い》でて百倍《ひゃくばい》の実《み》を結《むす》べり』
これらの事《こと》を言《い》ひて呼《よば》はり給《たま》ふ
「きく耳《みみ》ある者《もの》は聴《き》くべし」

（ルカ伝福音書8章8）

ゴッホ「種まく人」（ゴッホは「神の言葉を播く」伝道師をしていたことがあった）

「ある種は良い土に落ち、生え育って、百倍の実を結んだ」
こう話してからイエスは、「**聞く耳のある者は聴きなさい**」と叫ばれた。

大勢の人がイエスのもとに集まり、さらにあちこちの町からも人びとが押し寄せてきたので、イエスはたとえをもって話した。「**種を播く人が種播きに出かけた。播いているあいだに、ある種は道ばたに落ち、人に踏みつけられ、空の鳥がついばんでしまった。ある種は岩の上に落ち、芽は出たが、水気がなかったので枯れてしまった。ある種はいばらの中に落ちたので、いばらも一緒に伸びて、覆いかぶさってしまった**」――道に播かれて鳥についばまれた種は「神の言葉を聞いても悟らない者」、岩の上に落ちて枯れてしまった種は「神の言葉をうわべだけで受け入れる者」、いばらに落ちて伸びることのできなかった種は「神の言葉に耳を傾けるが、富の誘惑に心を奪われ、欲望に負けてしまう者」を表している。

そして右頁にある良い土地に落ちた種――最初から作物を育てるのに適した土地は多くない。苦労して開墾し、耕し、やっと収穫をもたらす土地を確保できる。人の心もこれと同じ。

だから、聞く耳を持ちなさいとイエスは言う。何も受けつけない踏み固められた「心」。偏見や先入観の石がゴロゴロとした「心」。そんなかたくなな「心の石」を取り除き、いばらを刈って、丹念に耕し、神の言葉を受け入れ、日々の生活で育てる（実践する）人こそ、良い土地で成長する種にたとえられる。ミレーの「種まく人」の絵に影響を受けてゴッホも「種まく人」を描いている（右頁）。

29　天の国は一粒のからし種、パン種のようなものである

（イエスはたとえを示して言った）

『天国《てんこく》は一粒《ひとつぶ》の芥種《からしだね》のごとし、人《ひと》これを取《と》りてその畑《はた》に播《ま》くときは、万《よろず》の種《たね》よりも小《ちい》さけれど、育《そだ》ちては他《ほか》の野菜《やさい》よりも大《おお》きく、樹《き》となりて、空《そら》の鳥《とり》きたり其《そ》の枝《えだ》に宿《やど》るほどなり』

（マタイ伝福音書13章31～32）

『天国《てんこく》はパンだねのごとし、女《おんな》これを取《と》りて、三斗《さんど》の粉《こ》の中《なか》に入《い》るれば、ことごとく脹《ふく》れいだすなり』

（マタイ伝福音書13章33）

「**天の国は一粒のからし種のようなものである**。人がこれを取って畑に播けば、どんな種よりも小さいのに、成長すると、どの野菜よりも大きくなり、空の鳥が来て、その枝に巣を作るほどの木になる」
「**天の国はパン種のようなものである**。女がそれを取って三サトン（約四〇リットル）の粉に混ぜると、やがて全体が発酵してふくれる」

からし種の大きさは直径一ミリメートル、重さ一ミリグラムほどだが、成長すると数メートルにもなるという。パン種（酵母）はごくわずかでもパンを発酵させて大きくふくらませる。

神の恵みは大きなものなのに、私たちには「からし種」のように小さくて気づかれない、「パン種」のように粉に埋もれて存在がわからない。しかし、イエスが私たちの心にまいた種は成長していく。そして、小さな芥子《けし》粒ほどの種が鳥が巣をつくるほどの大きな木になり、パン種を入れた小麦粉のようにふくらんでいく。「**良い土に蒔《ま》かれたものとは、御言葉を聞いて悟る人であり、あるものは百倍、あるものは六十倍、あるものは三十倍の実を結ぶのである**」——神の恵みに喜びを感じて生きる人は、鳥が枝で憩うように、いつのまにか多くの人たちを喜びの渦に巻き込み、大きくふくらんだパン（喜び）を他の人に分け与えることができる。

30 自分を低くして幼子のようになる者が、天の国で一番偉い

（弟子たちがイエスに「天の国ではだれが一番偉いのですか」と尋ねると、イエスは一人の子どもを呼び寄せ、彼らの中に立たせて、言った）

『まことに汝《なんじ》らに告《つ》ぐ、もし汝《なんじ》ら飜《ひるが》へりて幼《おさな》児《ご》の如《ごと》くならずば、天《てん》国《こく》に入《い》るを得《え》じ。

されば誰《たれ》にても此《こ》の**幼《おさな》児《ご》のごとく己《おのれ》を卑《ひく》うする者《もの》は、これ天《てん》国《こく》にて大《おおい》なる者《もの》なり。**

また我《わ》が名《な》のために、かくのごとき一人《ひとり》の幼《おさな》児《ご》を受《う》くる者《もの》は、我《われ》を受《う》くるなり。』

（マタイ伝福音書18章3〜5）

「あなたたちによく言っておく。心を入れ替えて幼子のようにならなければ、あなたたちは天の国に入ることはできない。だから、**自分を低くしてこの幼子のようになる者が、天の国で一番偉いのである。**
このような幼子の一人を、私の名のゆえに受け入れる者は、私を受け入れるのである」

イエスの弟子たちは、天の国（神が働くところ）にも順位があるから、自分が一番偉いと認めてほしいと思っていた。ヤコブとヨハネの兄弟の母は息子たちと一緒にイエスのもとに来て、「**あなたが王座にお着きになるとき、私のこの二人の息子が、一人はあなたの右に、一人は左に座れるとおっしゃってください**」と願い求めている。

しかし、イエスは、天の国で順位を求める人は、天の国にふさわしくないときっぱり言い、自分が偉いと認めてほしいと思う人は、幼子（社会にあって小さく、弱い存在の象徴）に見向きもしないものだ。だから、心を入れ替えなさい（高みに置いていた視線を小さな者へと注ぎなさい）。小さな者たちを自分と等しくみなして受け入れる人は私（イエス）を受け入れていることになる、と弟子たちにその働きを実践するように求めた。

31 金持ちが神の国に入るよりもラクダが針穴を通るほうがやさしい

（イエスは弟子たちに言った）

『富《とみ》ある者《もの》の神《かみ》の国《くに》に入《い》るは如何《いか》に難《かた》いかな』

弟子《でし》たち此《こ》の御言《みことば》に驚《おどろ》く。イエスまた答《こた》へて言《い》ひ給《たま》ふ

『子《こ》たちよ、神《かみ》の国《くに》に入《い》るは如何《いか》に難《かた》いかな、

富《と》める者《もの》の神《かみ》の国《くに》に入《い》るよりは、

駱駝《らくだ》の針《はり》の孔《あな》を通《とお》るかた反《かえ》って易《やす》し』

（マルコ伝福音書10章23〜25）

「富を持つ者が神の国に入るのは、なんとむずかしいことであろう」
弟子たちがこの言葉に驚いたので、イエスは重ねて言われた。
「子らよ、神の国に入るのは、なんとむずかしいことか。**金持ちが神の国に入るよりも、ラクダが針の穴を通るほうがまだやさしい**」

イエスは金持ちの青年に言った。「**あなたに欠けているものが一つある。行って、持っているものを売り払い、貧しい人たちに施しなさい。そうすれば天に富を積むことになる。それから私に従いなさい**」。青年は金持ちであるがゆえにイエスを選びきれず、打ちひしがれて立ち去っていった。

これを見た弟子たちは驚いた。一番受け入れられそうな金持ちが受け入れられないのであれば、いったいだれが天の国（神の働くところ）に入ることができるのだろう。金も力もない自分たちはどうなるのだろうかと思った。イエスがそれに答えたのが右頁の言葉だ。

エルサレムに入るための大門は、夜盗を警戒して日没とともに閉ざされていた。夜間は「針の穴」と呼ばれる、その脇にある人一人がやっと通れる狭い門が必要に応じて開閉された。ラクダに積んできた穀物袋や薪などの荷物はここで降ろして「針の穴」の中に運びこまなければならなかった。

イエスはこれにたとえて言った。物質的な富へのこだわりを捨て、背負ってきた「罪」をおろし、膝を屈するように謙虚になりさえすれば、後から来た者でも神の国の門を通ることができる。

32 後にいる者が先になり、先にいる者が後になるであろう

（イエスは言った）

『後《あと》なる者《もの》は先《さき》に、先《さき》なる者《もの》は後《あと》になるべし』

（マタイ伝福音書20章16）

「後にいる者が先になり、先にいる者が後になるであろう」

朝からブドウ園での仕事にありつこうと待ちつづけて、やっと夕方の五時に雇われた者がいた。仕事じまいは午後六時。わずか一時間しか働かなかったのに雇い主は彼らに「先」に一日分の賃金を払い、その「後」で朝から働いた者に同じ賃金（一デナリオン）を払った。「後」から来た者が「先」になった。

朝から働いた者たちは「**最後に来たこの連中は一時間しか働かなかったのに、あなたは彼らを、一日じゅう暑いなかを辛抱《しんぼう》して働いた私たちと同じように扱われるとは**」と不平を言った。すると主人は「**友よ、私はあなたに不当なことはしていない。あなたは私と一デナリオンの約束をしたではないか。自分の分を受け取って帰りなさい。私はこの最後の者にも、あなたと同じように支払ってやりたいのだ。自分のものを自分のしたいようにしてはいけないか。それとも、私の気前のよさをねたむのか**」と応じた。

だれが雇い主に一番感謝したか。一日あたり一デナリオンで雇われて早朝から働いた者は、一デナリオンが支給されて当然だと思っているから、感謝の気持ちが薄い。その次が九時に雇われた者、さらに十二時、午後三時に雇われた者。夕方五時になってやっと仕事にあずかり、一日分の賃金をもらった者が一番感謝する。感謝の思いが多い分が加算されて一デナリオンになって返ってきた。「報酬は労働時間に比例する」というのが常識。しかし「神との関係における報酬」はこの常識が通用しない。

33　祈り求めることは、すでにかなえられたと信じなさい

（イエス答えた）

『神《かみ》を信《しん》ぜよ。まことに汝《なんじ》らに告《つ》ぐ、人《ひと》もし此《こ》の山《やま》に「移《うつ》りて海《うみ》に入《い》れ」と言《い》ふとも、其《そ》の言《い》ふところ必《かなら》ず成《な》るべしと信《しん》じて、心《こころ》に疑《うたが》はずば、その如《ごと》く成《な》るべし。この故《ゆえ》に汝《なんじ》らに告《つ》ぐ、**凡《すべ》て祈《いの》りて願《ねが》ふ事《こと》は、すでに得《え》たりと信《しん》ぜよ、さらば得《う》べし。**』

（マルコ伝福音書11章22〜24）

「神を信じなさい。はっきり言っておく。だれでもこの山に向かい、『立ち上がって、海に飛び込め』と言い、少しも心に疑わず、自分の言ったようになると信じるならば、それは聞き入れられる。だから、あなたたちに言っておく。**なにごとであれ祈り求めることは、すでにかなえられたと信じなさい。そうすれば、そのとおりになるであろう**」

「祈れば必ずかなえられる」「主の名を呼び求める者はすべて救われる」はキリスト教の核心を表す言葉。「**イエスは主であると口で公《おおやけ》に言い表し、神がイエスを死者の中から復活させられたと心で信じるなら、あなたは救われる**」（ローマの信徒への手紙）。むずかしいことは何もいらない、ただ信じればいいのだとしたイエスの教えは、だれにでもおこなえる「易行《いぎょう》」だった。これが、律法という厳しい戒律に縛られていたユダヤ教とちがって、キリスト教が世界的な宗教へと発展していく礎《もとい》となった。山のように動かしがたいと思われる困難、悲しみ、苦しみ。しかしイエスは、祈るならばその「山」は動くと言った。

「足尾鉱毒事件」で地域民衆と共に闘い、生涯を捧げた田中正造は巣鴨の獄中で新約聖書に深く触れたという。「律法は人のためにあるのであって、人が律法のためにあるのではない」と説いたイエス。田中もまた「人権亦《また》法律ヨリ重シ」と説いた。そして「真の文明は、山を荒らさず、川を荒らさず、村を破らず、人を殺さざるべし」と問いつづけ、祈りつづけた田中にとって、キリスト教は実践のための拠《よ》りどころだったのだろう。祈るという行為は、その人を一段と高い「覚悟」へとうながす。

34　あなたがたは白く塗った墓に似ている

（イエスは言った）

『禍害《わざわい》なるかな、偽善《ぎぜん》なる学者《がくしゃ》、パリサイ人《びと》よ、**汝《なんじ》らは白《しろ》く塗《ぬ》りたる墓《はか》に似《に》たり、**外《そと》は美《うつく》しく見《み》ゆれども、内《うち》は死人《しにん》の骨《ほね》とさまざまの穢《けがれ》とにて満《み》つ。

かくのごとく汝《なんじ》らも外《そと》は人《ひと》に正《ただ》しく見《み》ゆれども、内《うち》は偽善《ぎぜん》と不法《ふほう》とにて満《み》つるなり。』

（マタイ伝福音書23章27～28）

「律法学者やパリサイ派の者たち、あなたがた偽善者は不幸だ。**あなたがたは白く塗った墓に似ている**。その墓は外側は美しく見えるが、内側は、死人の骨や、あらゆる汚れで満ちている。このようにあなたがたも、外側は人の目には正しいように見えながら、内側は偽善と不法で満ちている」

高橋和巳《かずみ》の未完の小説に『白く塗りたる墓』という作品があるが、この題名は右頁の「**汝らは白く塗りたる墓に似たり**」に由来する。イエスは律法学者や律法に厳格なパリサイ派の人たちは外側だけ清めて中は汚い「白い墓」のようだと言った。「墓」は触れる者を七日間汚すとされ、うっかり墓に触れたときに身を汚さないように墓を白く塗った。「白く塗られた墓」は外見は清く見えるが内面は不浄に満ちていることのたとえに用いられる。それは顔が汚れていたら気にするのに心にシミがあっても平気でいるようなものだ。ちなみにパリサイとは「自分たちを分離する」の意。彼らはユダヤの律法に厳格で、律法を守らない者たち、律法を守ろうにも守れない者たちを自分たちから「分離」して扱った。

律法はそもそも人間に対する神の思いや願いを表したものだが、習慣化して形式に流れて人を縛るものとなり、心は神に向いていないということになってしまった。イエスは神の思いにはずれていることに目覚めることを期待して、「**安息日に律法で許されているのは、善をおこなうことか、悪をおこなうことか。命を救うことか、滅ぼすことか**」と説いた。律法では安息日には人を癒やしてはならないとされていたが、イエスはユダヤの会堂で片手の萎《な》えた人を癒やした。

35　三人のうちだれが強盗に襲われた者の隣人になったか

（ある人が、エルサレムからエリコへ下っていく途中、強盗に襲われて半殺しにされた。そこを通りかかった一人の祭司は彼を見て、道の反対側を通り過ぎていった。また一人のレビ人《びと》がそこを通りかかったが、彼を見ると、道の反対側を通り過ぎていった）

『然《しか》るに或《ある》サマリヤ人《びと》、旅《たび》して其《そ》の許《もと》にきたり、之《これ》を見《み》て憫《あわれ》み、近寄《ちかよ》りて油《あぶら》と葡《ぶ》萄《どう》酒《しゅ》とを注《そそ》ぎ、傷《きず》を包《つつ》みて己《おの》が畜《けもの》にのせ、旅舎《はたごや》に連《つ》れゆきて介抱《かいほう》し、あくる日《ひ》デナリ二《ふた》つを出《いだ》し、主人《あるじ》に与《あた》へて「この人《ひと》を介抱《かいほう》せよ。費《ついえ》もし増《ま》さば、我《わ》が帰《かえ》りくる時《とき》に償《つくの》はん」と云《い》へり。汝《なんじ》いかに思《おも》ふか、**此《こ》の三人《さんにん》のうち、孰《いずれ》か強盗《ごうとう》にあひし者《もの》の隣《となり》となりしぞ**』かれ言《い》ふ『その人《ひと》に憐憫《あわれみ》を施《ほどこ》したる者《もの》なり』イエス言《い》ひ給《たま》ふ『**なんぢも往《ゆ》きて其《そ》の如《ごと》くせよ**』

（ルカ伝福音書10章33〜37）

「ところが、旅をしていたあるサマリヤ（サマリア）人《びと》が、そこに来合わせ、彼を見て憐れに思い、傷にオリーブ油とブドウ酒を注いで包帯をしてやった。それから自分のロバに乗せて宿屋に連れて行き、介抱した。翌日、サマリア人は銀貨二枚を宿屋の主人に渡し、『介抱してあげてください。もっと費用がかかったら、私が帰りに払います』と頼んだ。さて、あなたは、**この三人の中でだれが強盗に襲われた者の隣人になったと思うか**」。律法学者が「憐れみをかけてやった人（サマリア人）です」と言うと、イエスは「**では、あなたも行って同じようにしなさい**」と言われた。

ある律法学者が「私の隣人とはだれですか」と尋ねたのに対して、イエスが「善きサマリア人《びと》」のたとえで答えた箇所。神に仕える祭司、神殿奉仕者であるレビ人《びと》は強盗に襲われた者を見て見ぬふりをした。ところが、当時ユダヤ人に差別され、口もきいてもらえなかった異邦人のサマリア人は心を突き動かされて親切に面倒を見てやった。痛みの共感だった。そしてイエスは、この教えを机上《きじょう》の空論に終わらせることなく「**あなたも行って同じようにしなさい**」と実践をうながした。

オランダの牧師の家に生まれ育ったゴッホ。二十六歳のとき、半年の期限付きで伝道師としてベルギーの炭鉱街に派遣された。「僕はこの貧しく、闇に埋もれて働く労働者たちのなかに、痛ましいような悲しさを覚える」と、劣悪な環境で働く炭鉱夫に同情し、懸命に伝道活動をおこなう。しかし、掘っ立て小屋に住み、伝道師の服を坑夫にやるなど常軌《じょうき》を逸した熱心さに、聖職者の権威を損なうと判断されてしまう。絵画に救いを求めたゴッホはサマリア人が強盗に襲われた者をロバに乗せる場面を描いた。

36 この婦人は香油を注いで、私を葬る準備をしてくれた

（マリアが高価な香油《こうゆ》をイエスの頭に注ぐのを見て弟子たちが憤慨《ふんがい》して言った）

『何《なに》故《ゆえ》かく濫《みだり》なる費《ついえ》をなすか。之《これ》を多《おお》くの金《かね》に売《う》りて、貧《まず》しき者《もの》に施《ほどこ》すことを得《え》たりしものを』

イエス之《これ》を知《し》りて言《い》ひたまふ『何《なん》ぞこの女《おんな》を悩《なやま》すか、我《われ》に善《よ》き事《こと》をなせるなり。貧《まず》しき者《もの》は常《つね》に汝《なんじ》らと偕《とも》にをれど、我《われ》は常《つね》に偕《とも》に居《お》らず。**この女《おんな》の我《わ》が体《からだ》に香油《においあぶら》を注《そそ》ぎしは、わが葬《ほうむ》りの備《そなえ》をなせるなり。**まことに汝《なんじ》らに告《つ》ぐ、全世界《ぜんせかい》いづこにても、この福音《ふくいん》の宣伝《のべつた》へらるる処《ところ》には、この女《おんな》のなしし事《こと》も記念《きねん》として語《かた》らるべし』

（マタイ伝福音書26章8〜13）

「なぜこんな無駄使いをするのだ。高く売って貧しい人びとに施すことができたのに」と憤る弟子たちにイエスは言った。「なぜこの婦人を困らせるのか。私に善いことをしてくれたのである。貧しい人びとはいつもあなたたちと一緒にいるが、私はいつもあなたたちと一緒にいるわけではない。**この婦人は私の体に香油《こうゆ》を注いで、私を葬る準備をしてくれたのだ**。よく言っておく。世界じゅうどこでもこの福音が告げ知らされるところでは、この婦人のしたこともまた記念として語られるであろう」

二人姉妹の妹マリアが、高価な香油が入った壺を持ってきて、食卓に着いたイエスの頭に注いだ。弟子たちはこれを見て憤慨した。「ナルドの香油」はヒマラヤ山脈の植物の根から採ったもの。パレスチナに運ばれてくるとさらに高価なものになった。「マルコによる福音書」では、壺一杯で三百デナリオン。一デナリオンは労働者の一日の賃金。「高く売れば貧しい人びとに施せる」のになんという無駄をと憤る弟子たちに、イエスは、あなたたちは貧しい人たちに寄り添い、いつでも善をおこなうことができるが、自分は死が迫っているので「いつまでも一緒にいるわけではない」と言った。

「マルタとマリアの家のキリスト」というフェルメールの絵には、イエスを忙しくもてなす姉マルタとイエスの話にじっと聞き入るマリアが対照的に描かれている。マリアが働かないことに抗議したマルタにイエスは諭した。「**必要なことはただ一つだけである。マリアは良い方を選んだ。それを取り上げてはならない**」。人には愚かな行為に思えてもマリアはできるかぎりのことをしてイエスへの愛を表した。

37　九十九匹を残して、迷った一匹を探し歩くのではないか

（パリサイ派の人びとや律法学者たちが「この人〔イエス〕は徴税人や罪人たちを迎えて、食事まで一緒にしている」と不平を言うと、イエスは彼らに次のようなたとえ話をした）

『なんぢらの中《うち》たれか百匹《ひゃくひき》の羊《ひつじ》を有《も》たんに、**若《もし》その一匹《いっぴき》を失《うしな》はば、九十九匹《くじゅうくひき》を野《の》におき、往《ゆ》きて失《う》せたる者《もの》を見出《みいだ》すまでは尋《たず》ねざらんや。**遂《つい》に見出《みいだ》さば、喜《よろこ》びて之《これ》を己《おの》が肩《かた》にかけ、家《いえ》に帰《かえ》りて其《そ》の友《とも》と隣《となり》人《びと》を呼《よ》び集《あつ》めて言《い》はん「我《われ》とともに喜《よろこ》べ、失《う》せたる我《わ》が羊《ひつじ》を見出《みいだ》せり」われ汝《なんじ》らに告《つ》ぐ、かくのごとく悔改《くいあらた》むる一人《ひとり》の罪人《つみびと》のためには、悔改《くいあらため》の必要《ひつよう》なき九十九人《くじゅうくにん》の正《ただ》しき者《もの》にも勝《まさ》りて、天《てん》に歓喜《よろこび》あるべし。』（ルカ伝福音書15章4〜7）

「あなたがたのなかに百匹の羊を持っている人がいるとする。**そのうちの一匹を見失ったとしたら、九十九匹を野原に残して、いなくなった一匹を見つけるまで探し歩くのではないだろうか**。そして、見つけたら、大喜びで自分の肩にその羊を乗せて家に帰り、友人や近所の人びとを呼び集めて『一緒に喜んでください。見失った羊を見つけましたから』と言うであろう。あなたがたに言っておく。このように、一人の罪人が悔い改めるなら、悔い改める必要のない九十九人の正しい人にまさる喜びが天にはあるのです」

羊は力も強くなく、角《つの》もなく、足も速くない。羊が安全なのは羊飼いのもとにいるときだけ。「ヨハネによる福音書」に「**門番は羊飼いには門を開き、羊はその声を聞き分ける。羊飼いは自分の羊の名を呼んで連れだす**」とあるように、もし羊飼いの声を聞き逃すと迷子になる羊がいる。

百匹のうち一匹が姿を消した。よい羊飼いは「九十九匹もいるから一匹くらいいなくてもいい」とは思わず、九十九匹の羊をその場に残して、見失われた羊を探しに行く。そして、その一匹を無事連れもどしたことに何にも勝る喜びを感じる。よい羊飼いとは神でありイエスだ。

「**これらの小さな者が一人でも滅びることは、天の父**（神）**の御心ではない**」。一人ずつがかけがえなく大切なもの。どんなに小さくても、弱くても、一人ずつに価値がある。「一人」を大切にして、一人ひとりとかかわる。イエスはそのことを何よりも大切にした。

38 死んでいたのに生き返り、いなくなったのに見つかった

（兄が怒って父親に抗議した）

『「視《み》よ、我《われ》は幾歳《いくとせ》もなんぢに仕《つか》へて、未《いま》だ汝《なんじ》の命令《めいれい》に背《そむ》きし事《こと》なきに、我《われ》には子山羊《こやぎ》一匹《いっぴき》だに与《あた》へて友《とも》と楽《たの》しましめし事《こと》なし。然《しか》るに遊女《あそびめ》らと共《とも》に、汝《なんじ》の身代《しんだい》を食《くら》ひ尽《つく》したる此《こ》の汝《なんじ》の子《こ》帰《かえ》り来《きた》れば、之《これ》がために肥《こ》えたる犢《こうし》を屠《ほふ》れり」

父《ちち》いふ「子《こ》よ、なんぢは常《つね》に我《われ》とともに在《あ》り、わが物《もの》は皆《みな》なんぢの物《もの》なり。されど此《こ》の汝《なんじ》の兄弟《きょうだい》は**死《し》にて復生《またい》き、失《う》せて復得《またえ》られ**たれば、我《われ》らの楽《たの》しみ喜《よろこ》ぶは当然《とうぜん》なり」』

（ルカ伝福音書15章29～32）

レンブラント「放蕩息子の帰還」

『私は何年もお父さんに仕え、言いつけにそむいたことがないのに、あなたは、私と友人との宴会に子ヤギ一頭すらくださらなかった。それなのに弟が遊女と一緒にあなたの身代《しんだい》を食いつぶして帰ってくると、肥えた子牛を彼のためにほふってやる』。すると父は言った。『子よ、おまえはいつも私と一緒にいる。私のものはすべておまえのものだ。しかし、おまえの弟は**死んでいたのに生き返り、いなくなったのに見つかった**のだから、私が祝宴を開いて喜び合うのは当然ではないか』

芥川龍之介が短編小説の極致《きょくち》と激賞した「放蕩《ほうとう》息子のたとえ」の一節。二人兄弟の弟は、父親の家で裕福に暮らしていたのに、家を飛び出して遠くの国に行き、分け与えられた財産を散財し、食べるものにも困り、汚らわしいとされる豚の世話までするはめになる。どん底まで落ちて迷える一匹の羊となってはじめて、弱い立場に置かれた者の苦しみを味わい、悔い改めて家に帰った。

父親は「**この息子は死んでいたのに生き返った**」と彼を受け入れる。兄は父親のこの扱いに立腹する。しかし兄は父（神）のそばにいながら、じつは心が離れていた。弟は父（神）から離れていたが、立ち返るべきところを見いだした。父（神）の家から離れたために多くのものを失ったが、たった一つ失われなかったもの、それは弱さを抱えた者を大切にする「父（神）の愛」だった。レンブラントの「放蕩息子の帰還」（右の絵）には、膝をついて悔い改める息子の肩に手をやる父親が描かれている。

39 よくなりたいか。起き上がって、歩きなさい

爰《ここ》に三十八年《さんじゅうはちねん》病《やまい》になやむ人《ひと》ありしが、イエスその臥《ふ》し居《お》るを見《み》、かつその病《やまい》の久《ひさ》しきを知《し》り、之《これ》に『**なんぢ癒《い》えんことを願《ねが》ふか**』と言《い》ひ給《たま》へば、病《や》める者《もの》こたふ『主《しゅ》よ、水《みず》の動《うご》くとき、我《われ》を池《いけ》に入《い》るる者《もの》なし、我《わ》が往《ゆ》くほどに、他《ほか》の人《ひと》さきだち下《くだ》るなり』

イエス言《い》ひ給《たま》ふ『**起《お》きよ、床《とこ》を取《と》りあげて歩《あゆ》め**』この人《ひと》ただちに癒《い》え、床《とこ》を取《と》りあげて歩《あゆ》めり。

その日《ひ》は安息日《あんそくにち》に当《あた》りたれば、ユダヤ人《びと》医《いや》されたる人《ひと》にいふ『安息《あんそく》日《にち》なり、床《とこ》を取《と》りあぐるは宜《よろ》しからず』

（ヨハネ伝福音書5章5〜10）

三十八年間も病気で苦しむ人がいた。イエスは彼が臥せっているのを見て、もう長いあいだ病気なことを知り、「**よくなりたいか**」と声をかけた。病人は「主よ、水が動くとき、私を池に入れてくれる人がいません。私が行くうちに、ほかの人が先に降りてしまうのです」と答えた。

イエスは、「**起き上がりなさい。寝床をかついで歩きなさい**」と言われた。するとその人はすぐによくなり、寝床をかついで歩きだした。ところがその日は安息日であった。ユダヤ人たちはイエスに癒やされた人に言った。「今日は安息日だ。寝床を運ぶことは律法で許されていない」

ユダヤ人の祭りのときイエスはエルサレムに上った。羊門《ひつじもん》の近くにベトサダという池をめぐる柱廊《ちゅうろう》があり、大勢の病人が横たわっていた。イエスは三十八年間も病に臥せっている男に「よくなりたいか」と訊《き》いた。彼は「**水が動くとき……**」と答える。この池は一定時間ごとに水が湧き上がり、池の水が揺れたので、当時の人は「天使がこの池に舞い降りたしるし」と考え、真っ先に池に飛び込んで沐浴《もくよく》すれば、天使によって病気を治してもらえると信じていた。しかし、その男は長患いゆえに真っ先に飛び込むことができない。誰も手助けしてくれないと言って人の愛の欠如を嘆き、「**行くうちに、ほかの人が……**」と、だれもが自分中心なことを憂いた。すぐに「よくなりたい」と言えないほどに彼は絶望していた。そんな彼にイエスは、世の中や人のせいにするなとは言わずに、ただ「**起き上がりなさい。寝床をかついで歩きなさい**」と語りかけることで、「よくなりたい」という希望を呼び覚ました。

40 真理はあなたたちを自由にする

(イエスは自分の教えを信じたユダヤ人たちに言った)

『汝等《なんじら》もし常《つね》に我《わ》が言《ことば》に居《お》らば、
真《まこと》にわが弟子《でし》なり。
また真理《しんり》を知《し》らん、
而《しか》して真理《しんり》は汝《なんじ》らに自由《じゆう》を得《え》さすべし』

(ヨハネ伝福音書8章31〜32)

「もし私の言葉に従って生きているなら、あなたたちはほんとうに私の弟子である。あなたたちは真理を知り、**真理はあなたたちを自由にする**」

国立国会図書館の東京本館内の壁面に、Η ΑΛΗΘΕΙΑ ΕΛΕΥΘΕΡΩΣΕΙ ΥΜΑΣ（ヘーアレーテイア エレウテローセイ ヒュマース＝真理がわれらを自由にする）という言葉が掲げられている。

「**私を遣わした方**（神）**は私と共にいてくださり、私をひとりにしておかれることはない。私がいつも、この方の御心にかなうことをおこなうからである**」とイエスが語ると、大勢のユダヤ人がイエスを信じた。

そこでイエスはつづけて言った。「**私の言葉に従って生きているなら、……あなたたちは真理を知り、真理はあなたたちを自由にする**」。私の言葉に人生をゆだねて歩むなら、真理（神の恵み）によってあなたたちは、あなたたちを覆っている束縛から解放され、ほんとうの自由を得る、と説いた。

ところが、イエスを信じたはずのユダヤ人たちは手のひらを返すように反発した。「**私たちはアブラハム**（ユダヤの始祖）**の子孫だ。今まで誰の奴隷にもなったことはない。どうして『あなたたちは自由になる』などと言うのか**」。当時、ローマ帝国の属州だったユダヤの人々は、ローマ政府によって名目上の自由と独立を与えられていたので、「なぜ今さら自由などと言うのか」とイエスの言葉に反発したのだ。

トマス・ア・ケンピスは『キリストにならいて』に、われわれの思いと感じるところ（思考や感覚）はしばしばわれわれをあざむき、われわれが真理を見ることはわずかである。真理そのものによってあるがままに教えられている人は幸いである、と書いている。

41　一粒の麦が地に落ちて死ねば、豊かな実を結ぶ

（イエスは言った）

『人《ひと》の子《こ》の栄光《えいこう》を受《う》くべき時《とき》きたれり。
誠《まこと》にまことに汝《なんじ》らに告《つ》ぐ、
一粒《ひとつぶ》の麦《むぎ》、地《ち》に落《お》ちて死《し》なずば、唯《ただ》一《ひと》つにて在《あ》らん、
もし死《し》なば、多《おお》くの果《み》を結《むす》ぶべし。
己《おの》が生命《いのち》を愛《あい》する者《もの》は、これを失《うしな》ひ、
この世《よ》にてその生命《いのち》を憎《にく》む者《もの》は、
之《これ》を保《たも》ちて永遠《とこしえ》の生命《いのち》に至《いた》るべし。』

（ヨハネ伝福音書12章23～25）

「人の子（イエス）が栄光を受けるときがきた。はっきりあなたたちに言っておく。**もし一粒の麦が地に落ちて死ななければ、それは一粒のままである。しかし死ねば、豊かな実を結ぶ。**自分の命を愛する者はそれを失い、この世で自分の命を憎む者はそれを保って永遠の命に至る」

「一粒の麦」として知られる右頁の言葉は、塩狩《しおかり》峠で発生した鉄道事故の実話をもとにした三浦綾子さんの小説『塩狩峠』のモチーフにもなっている。名寄《なよろ》駅から鉄道で札幌へ向かう途中、塩狩峠の頂上にさしかかろうというとき、鉄道会社員の主人公が乗る最後尾の車両の連結部が外れて暴走する。主人公は乗客を守るため、レールへ飛び降りて汽車の下敷きとなってくい止め、多くの乗客を救った。

イエスは大勢の人の熱狂的な歓迎を受けて、子ロバに乗ってエルサレムに入城した。「**見よ、何をしても無駄だ。世をあげてあの男について行ったではないか**」とパリサイ派の人たちが嘆いたように、人びとは万軍の主がローマの支配から解放してイスラエルを回復するときが近づいたと思い、弟子たちはメシア（救い主）の王国が成れば自分たちが大臣になることを夢見ていた。しかしイエスは「**栄光を受けるとき**」（十字架の死のとき）が近づいているのを予期していた。そして、人びとや弟子たちに、「**死ななければ**」――自分の思いにとどまって生きる（自分の命を愛する）者はまことの命を得ることができない。「**死ねば**」――自分中心の生き方を捨てて（自分の命を憎んで）イエスの教えに生きる者は永遠の命を得る。「**私**（イエス）**に仕える者がいれば、父**（神）**はその人を大切にしてくださる**」と説いた。

42 光の子となるために、光のあるうちに光を信じなさい

（イエスは言った）

『なほ暫《しば》し光《ひかり》は汝《なんじ》らの中《うち》にあり、
光《ひかり》のある間《ま》に歩《あゆ》みて、
暗黒《くらき》に追及《おいつ》かれぬやうにせよ、
暗《くら》き中《うち》を歩《あゆ》む者《もの》は往方《ゆくて》を知《し》らず。
光《ひかり》の子《こ》とならんために、
光《ひかり》のある間《ま》に光《ひかり》を信《しん》ぜよ』

（ヨハネ伝福音書12章35〜36）

「いましばらくのあいだ、光はあなたたちのあいだにある。暗闇に追いつかれないように、光のあるうちに歩きなさい。暗闇の中を歩く者は、自分がどこへ行くのかわからない。**光の子となるために、光のあるうちに光を信じなさい**」

トルストイの小説『光あるうち光の中を歩め』は右頁の言葉がもとになっている。光はイエス・キリスト、光の子はキリストを信じる者、暗闇を歩む者はイエスを拒絶する人たち。

『光あるうち光の中を歩め』は、幼なじみの豪商の息子ユリウスと奴隷の子パンフィリウスのキリスト教的生活に関する問答で展開する。欲望や野心など俗世間にどっぷりつかっているユリウスと、キリスト教の世界に生きるパンフィリウス。ユリウスは何度かキリスト教信仰を志しながらも俗世界に舞いもどるが、ついに信仰の道に入ろうと決意する。ところが「キリスト教徒のただ中に、そうした避難所を見出せるように思っていなさる。しかしお若い方、そんな場所はありやしません」（原久一郎訳）とそそのかす中年男の妨害にあう。

しかし、息子たちが以前の自分のように放蕩《ほうとう》をはじめ、家庭が崩壊したのを機にキリスト者になることを決心する。ユリウスは、イエスは最初に門を通った者も最後に通った者も等しく受け入れてくれることを悟り、過去の自分を恥じ、信仰にもとづく質素な生活を送って生涯を閉じた。神が救いを与えるチャンスのあるあいだ（光のあるうち）に神を信じ、神の子（光の子）となった。

43　あなたたちも互いに足を洗い合わなければならない

（イエスは弟子たちの足を洗い終わり、再び食事の席に着いて言った）

『わが汝《なんじ》らに為《な》したることを知《し》るか。なんぢら我《われ》を師《し》また主《しゅ》ととなふ、然《し》か言《い》ふは宜《うべ》なり、我《われ》は是《これ》なり。我《われ》は主《しゅ》また師《し》なるに、尚《なお》なんぢらの足《あし》を洗《あら》ひたれば、**汝《なんじ》らも互《たがい》に足《あし》を洗《あら》ふべきなり。**われ汝《なんじ》らに模《も》範《はん》を示《しめ》せり、わが為《な》ししごとく汝《なんじ》らも為《な》さんためなり。誠《まこと》にまことに汝《なんじ》らに告《つ》ぐ、僕《しもべ》はその主《しゅ》よりも大《おおい》ならず。遣《つかわ》されたる者《もの》は之《これ》を遣《つかわ》す者《もの》よりも大《おおい》ならず。汝《なんじ》等《ら》これらの事《こと》を知《し》りて之《これ》を行《おこな》はば幸《さい》福《わい》なり。』

（ヨハネ伝福音書13章12〜17）

「私があなたたちにしたことがわかるか。あなたたちは私を『先生』とか『主』とか呼ぶ。そのように言うのは正しい。そのとおりだからである。ところで、主であり先生であるこの私があなたたちの足を洗ったのだから、**あなたたちも互いに足を洗い合わなければならない。**私がしたとおりに、あなたたちもするようにと、模範を示したのである。はっきりあなたたちに言っておく。僕《しもべ》は主人に勝《まさ》らず、遣わされた者は遣わした者に勝らない。このことがわかり、私にならって実行するなら、あなたたちは幸いである」

イエスは最後の晩に弟子たちと食事を共にした。この晩餐のとき、人の足を洗うのはこの時代には卑しい仕事と見なされていたにもかかわらず、イエスは弟子たちの足を洗った。足の裏のように汚い部分（弱さ）を相手に見て失望したり、非難したり、あげつらうのではなく、互いに弱さを補い合いながら生きるようにと、足を洗うという行為を通して示した。「僕」とは弟子たちのことで、「主人」であるイエスにくらべるまでもなく勝らない。主人であるイエスが弟子たちの足を洗うことまでしたからには、あなたたち弟子も互いに足を洗い合うのは当然ではないか。イエスは自分の名のためにあなたたち弟子は迫害を受けることになるが、「**私があなたたちを愛したように、あなたたちも互いに愛し合いなさい。互いに愛し合うならば、それによって人は皆、あなたたちが私の弟子であることを認めるようになる**」と説いて励ました。

44 しようとしていることを、今すぐ、しなさい

イエス此等《これら》のことを言《い》ひ終《お》へて、心《こころ》さわぎ証《あかし》をなして言《い》ひ給《たま》ふ『まことに誠《まこと》に汝《なんじ》らに告《つ》ぐ、汝《なんじ》らの中《うち》の一人《ひとり》われを売《う》らん』弟子《でし》たち互《たがい》に顔《かお》を見合《みあわ》せ、誰《たれ》につきて言《い》ひ給《たま》ふかを訝《いぶか》る。（中略）『わが一撮《ひとつまみ》の食物《くいもの》を浸《ひた》して与《あた》ふる者《もの》は夫《それ》なり』かくて一撮《ひとつまみ》の食物《くいもの》を浸《ひた》して、シモンの子《こ》イスカリオテのユダに与《あた》へたまふ。ユダ一撮《ひとつまみ》の食物《くいもの》を受《う》くるや、悪魔《あくま》かれに入《い》りたり。イエス彼《かれ》に言《い》ひたまふ『**なんぢが為《な》すことを速《すみや》かに為《な》せ**』（中略）ユダ一撮《ひとつまみ》の食物《くいもの》を受《う》くるや、直《ただ》ちに出《い》づ、時《とき》は夜《よる》なりき。

（ヨハネ伝福音書13章21〜22、26〜27、30）

イエスは話し終えると、心を騒がせ、断言した。「はっきり言っておく。あなたがたのうちの一人が私を裏切ろうとしている」。弟子たちはだれについて言っているのか察しかねて顔を見合わせた。（中略）イエスは「私がパン切れを浸して与える者がその人だ」と答えた。そして、パン切れを浸して取り、イスカリオテ（カリオテ村出身）のシモンの子ユダに与えた。ユダがパン切れを受け取ると、サタンが彼の中に入った。イエスは、「**しようとしていることを、今すぐ、しなさい**」とユダに言った。（中略）ユダはパン切れを受け取ると、すぐ出て行った。夜であった。

一二七頁にユダを主人公にした短編『駈込《かけこ》み訴え』の一節を引用した。作者の太宰治が描くユダはイエスへの愛憎《あいぞう》に満ちあふれている。ユダはイエスをだれよりも愛し、他の弟子たちよりもイエスの気持ちを理解していると思っていた。イエス一行の会計係を務め、イエスのマネジャー役を自負していた。その一方で、マグダラのマリアの献身に負けず劣らず自分も献身しているのにイエスは冷たいと憎みもする。年齢的にも近く、頭のよいユダの心にイエスへの対抗心が頭をもたげる。そして、イエスの使命をまっとうさせることこそが、イエスのほんとうの理解者であり、イエスとともに神の栄光に与《あずか》ることができる者の役目だと考えた。そこで、望みどおりにイエスを死へと向かわせるために、その「取りはからい役」（裏切り役）となって「駈込み訴え」をする。これが太宰版のユダだが、イエスは裏切りを承知で、「**しようとしていることを、今すぐ、しなさい**」と言って、ユダに自分を売らせた。

45 私を見た者は、父を見たのである

（ピリポ〔フィリポ〕が「主よ、私たちに御父《おんちち》〔神〕をお示しください。そうすれば満足できます」と言うと、イエスは「フィリポ、長いあいだあなたたちと一緒にいるのに、私がわかっていないのか」と前置きして言った）

『**我《われ》を見《み》し者《もの》は父《ちち》を見《み》しなり**、如何《いか》なれば「我《われ》らに父《ちち》を示《しめ》せ」と言《い》ふか。我《われ》の父《ちち》に居《お》り、父《ちち》の我《われ》に居《い》給《たま》ふことを信《しん》ぜぬか。わが汝等《なんじら》にいふ言《ことば》は、己《おのれ》によりて語《かた》るにあらず、父《ちち》われに在《いま》して御業《みわざ》をおこなひ給《たま》ふなり。わが言《い》ふことを信《しん》ぜよ、**我《われ》は父《ちち》にをり、父《ちち》は我《われ》に居《い》給《たま》ふなり。**もし信《しん》ぜずば、我《わ》が業《わざ》によりて信《しん》ぜよ。』（ヨハネ伝福音書14章9〜11）

「**私を見た者は、父**（神）**を見たのである**。それなのに、なぜ『私たちに御父をお示しください』と言うのか。私が父の内におり、父が私の内におられることを信じないのか。私があなたたちに言う言葉は私が自分勝手に話しているのではない。私の内におられる父がご自分の業《わざ》（働き）をなさっているのである。**私が父の内におり、父が私の内におられると**、私が言うのを信じなさい。もしそれを信じないなら、業そのものによって信じなさい」

イエスは弟子たちに「**あなたがたが私を知っているなら、私の父をも知ることになる。今から、あなたがたは父を知る。いや、すでに父を見ている**」と言うと、フィリポ（イエスに直接招かれて弟子になった十二使徒の一人）は、この目で神を見ることができると誤解した。フィリポはイエスが自分たちから離れていっても、神を肉眼で見れば勇気が出る。どんな困難が生じても大丈夫だと思ったにちがいない。しかし、「**私を見た者は、父を見たのである**」の「見た」は、イエスの働きのなかに父である神の姿を観想する、神とはこういう方なのだと「発見」することだった。

フィリポの「**主よ、私たちに御父をお示しください。そうすれば満足できます**」は、私たちの気持ちを代弁している。私たちは何につけ満足のいく答えを求めないではいられない。満足してはじめて信じようと思うようになる人は、そのときは満足しても、新たな疑問が生じて満足できなければ、また信じられなくなる。イエスは「**私が言うのを信じなさい**」、もし信じないなら「**業《わざ》そのものによって信じなさい。私を信じる者は、私がおこなう業をおこない、また、もっと大きな業をおこなうようになる**」と説いた。

46 私はブドウの木、あなたたちはその枝である

（イエスは弟子たちに言った）

『**我《われ》は真《まこと》の葡萄《ぶどう》の樹《き》、わが父《ちち》は農夫《のうふ》なり。**おほよそ我《われ》にありて果《み》を結《むす》ばせ果《み》を結《むす》ばぬ枝《えだ》は、父《ちち》これを除《のぞ》き、果《み》を結《むす》ぶものは、いよいよ果《み》を結《むす》ばせん為《ため》に之《これ》を潔《きよ》めたまふ。汝《なんじ》らは既《すで》に潔《きよ》し、わが語《かた》りたる言《ことば》に因《よ》りてなり。我《われ》に居《お》れ、さらば我《われ》なんぢらに居《お》らん。枝《えだ》もし樹《き》に居《お》らずば、自《みずか》ら果《み》を結《むす》ぶこと能《あた》はぬごとく、汝《なんじ》らも我《われ》に居《お》らずば亦《また》然《しか》り。**我《われ》は葡萄《ぶどう》の樹《き》、なんぢらは枝《えだ》なり。**人《ひと》もし我《われ》にをり、我《われ》また彼《かれ》にをらば、多《おお》くの果《み》を結《むす》ぶべし。汝《なんじ》ら我《われ》を離《はな》るれば、何事《なにごと》をも為《な》し能《あた》はず。』（ヨハネ伝福音書15章1～5）

「**私はまことのブドウの木、私の父**（神）**は栽培者である**。私につながっていながら実を結ばない枝は、父がみな切り取られる。しかし実を結ぶ枝はみな、もっと豊かに実を結ぶように父がきれいに手入れなさる。私があなたたちに語った言葉によって、あなたたちはすでに清いのである。私につながっていなさい。私もあなたたちにつながっている。ブドウの枝が幹につながっていなければ、枝だけでは実を結ぶことができないように、あなたたちも私につながっていなければ、実を結ぶことができない。**私はブドウの木、あなたたちはその枝である。**人が私につながっており、私もその人につながっていれば、その人は豊かに実を結ぶ。私を離れては、あなたたちは何もできないからである」

ブドウの木はパレスチナで一番背の低い木とされ、見栄えがしない。しかし、ブドウの枝は柵であれ石垣であれ、そばにあるものにどんどん這って伸び、甘い実をつける。イエスは何度も弟子たちに「**私はブドウの木、あなたたちはその枝である**」「**私につながっていなさい**」と説いている。

「**豊かに実を結ぶ**」というのは、社会で功績をあげたり成功することではなく、一人ひとりが与えられた命を精一杯に生かすこと。枝や葉は幹につながっているから水分や養分を受けて成長することができるように、それぞれの力や能力を伸ばし、それを役立てるには心の養分が必要になる。それにはブドウの木（イエス）につながっていなさいと説いた。

47　あなたたちの心は喜びに満たされ、奪い去る者はいない

（イエスは弟子たちに言った）

『斯《か》く汝《なんじ》らも今《いま》は憂《うれい》あり、されど我《われ》ふたたび汝《なんじ》らを見《み》ん、その時《とき》な**んぢらの心《こころ》よろこぶべし、その喜悦《よろこび》を奪《うば》ふ者《もの》なし。**

かの日《ひ》には汝《なんじ》ら何事《なにごと》をも我《われ》に問《と》ふまじ。

誠《まこと》にまことに汝《なんじ》らに告《つ》ぐ、汝等《なんじら》のすべて父《ちち》に求《もと》むる物《もの》をば、我《わ》が名《な》によりて賜《たま》ふべし。なんぢら今《いま》までは何《なに》をも我《わ》が名《な》によりて求《もと》めたることなし。求《もと》めよ、然《さ》らば受《う》けん、而《しか》して汝《なんじ》らの喜悦《よろこび》みたさるべし。』

（ヨハネ伝福音書16章22〜24）

「あなたたちも今は悲しんでいるが、私は再びあなたたちと会う。そうすれば、**あなたたちの心は喜びに満たされ、その喜びをあなたたちから奪い去る者はいない**。その日には、あなたたちはもはや、私に何も尋ねない。はっきり言っておく。あなたたちが私の名によって父（神）に願うものは何でも、父は与えてくださる。あなたたちは今まで私の名によっては何も願わなかった。願いなさい。そうすれば与えられ、あなたたちは喜びで満たされる」

最後の晩餐の席でイエスが弟子たちに伝えたメッセージの一節。「**しばらくすると私を見なくなるが、またしばらくすると私を見るようになる**」と聞かされた弟子たちは「これは何のことか」と思った。

イエスは十字架にかかり、墓から復活して、四十日にわたって姿を現したあと、天に上り弟子たちは永遠にその姿を見ることができなくなる。やがて聖霊が下ってそれぞれの心の内で神の力が働くようになる（聖霊降臨《せいれいこうりん》）。しかしイエスは「**あなたたちをみなしごにはしておかない。あなたたちのところにもどってくる**」とだけ言って、ことこまかに説明しない。

イエスは弟子たちがこれから体験し、その結果生まれるであろう事態の「核心」だけを語る。女性は出産で苦しむが、子どもが生まれた喜びに苦痛を忘れるように、「悲しみはやがて喜びに変わる」という「確信」だ。だから私がいなくなったからといって悲しみにうちひしがれずに、いつも私の名によって（イエスと一体になって）神に願いなさい。そうすれば与えられ、喜びに満たされる、と励ました。

48 あなたたちはこの世で苦しむ。しかし、勇気を出しなさい

（イエスは弟子たちに言った）

『なんぢら今《いま》、信《しん》ずるか。視《み》よ、なんぢら散《ちら》されて各自《おのおの》おのが処《ところ》にゆき、我《われ》をひとり遺《のこ》すとき到《いた》らん、否《いな》すでに到《いた》れり。然《さ》れど我《われ》ひとり居《お》るにあらず、父《ちち》われと偕《とも》に在《いま》すなり。此等《これら》のことを汝《なんじ》らに語《かた》りたるは、汝《なんじ》ら我《われ》に在《あ》りて平安《へいあん》を得《え》んが為《ため》なり。**なんぢら世《よ》にありては患難《なやみ》あり、されど雄々《おお》しかれ。我《われ》すでに世《よ》に勝《か》てり**』

（ヨハネ伝福音書16章31～33）

「あなたたちは今ようやく信じるのか。見ているがよい、あなたたちがちりぢりにされて自分の家に帰ってしまい、私一人を取り残すときが来る。いや、すでに来ている。しかし、私は一人ではない。父（神）が私と共にいてくださるからである。これらのことを話したのは、私によってあなたたちが平安を得るためである。**あなたたちはこの世で苦しむ。しかし、勇気を出しなさい。私はすでに世に勝っている**」

イエスが「**私は父のもとから出て世に来たが、今、世を去って、父のもとに行く**」と言うと、弟子たちは「**やっと、はっきりとお話しになって、少しもたとえを用いられません。……あなたが神のもとから来られたと、私たちは信じます**」と答えたのに対して、イエスが言ったのが右頁の「**あなたたちは今ようやく信じるのか**」だ。

あなたたちはそれぞれ自分の家に散らされていく。しかし、父（神）が私（イエス）と共にいるように、私もあなたたち（弟子たち）と共にいる。私はすでに世に勝っている（どんなことが起ころうとも、すでにあなたたちは私を通して神に生かされている）のだから、私の教えを告げ知らせることで苦労するだろうが、勇気を出しなさい、と激励した。

49 パンを取りなさい。これは私の体である

彼《かれ》ら食《しょく》しをる時《とき》、イエス、パンを取《と》り、祝《しゅく》してさき、弟子《でし》たちに与《あた》へて言《い》ひたまふ

『取《と》れ、これは我《わ》が体《からだ》なり』

また酒杯《さかずき》を取《と》り、謝《しゃ》して彼《かれ》らに与《あた》へ給《たま》へば、皆《みな》この酒杯《さかずき》より飲《の》めり。

また言《い》ひ給《たま》ふ

『これは契約《けいやく》の我《わ》が血《ち》、おほくの人《ひと》の為《ため》に流《なが》す所《ところ》のものなり。まことに汝《なんじ》らに告《つ》ぐ、神《かみ》の国《くに》にて新《あたら》しきものを飲《の》む日《ひ》までは、われ葡萄《ぶどう》の果《み》より成《な》るものを飲《の》まじ』

（マルコ伝福音書14章22〜25）

レオナルド・ダ・ヴィンチ「最後の晩餐」
（イエスは「あなたがたのうちの一人で、私と一緒に食事をしている者〈ユダ〉が、私を裏切ろうとしている」と言った）

弟子たち一同が食事をしているとき、イエスはパンを取り、神をほめたたえて、これを手で裂き、弟子たちに与えて言われた。「**取りなさい。これは私の体である**」。また、杯《さかずき》を取り、感謝の祈りをささげて、彼らに与えられた。一同はみなその杯から飲んだ。

イエスは言われた。「**これは、多くの人のために流される私の血、契約の血である。**あなたたちによく言っておく。私の父の国であなたたちと共に新しいブドウ酒を飲むその日まで、私はブドウの実から作ったものをけっして飲まないであろう」

「最後の晩餐」でイエスは、パンと杯を弟子たちに与えて、「**私の記念としてこのようにおこないなさい**」と言った。「記念」とは、イエスがいなくなったのちも、杯を「飲み干し」、パンを「噛みしめる」たびにイエスが何のために、だれのために働いているのかを覚えなさいという念押し。「私たちは毎日、キリストを咀嚼《そしゃく》しなければならない」と言った神学者がいるという。「コリント人《びと》への前の書」（コリントの信徒への手紙一）には、空腹の者がいることを知りながら、食事のときに各自が勝手に自分の分を食べてしまい、酒に酔っているようでは「主の晩餐」をすることにはならない、とある。ここでも苦しむ人、弱さを抱えた人たちに寄り添う「イエス」を覚えるようにと説いている。

50 鶏が二度鳴く前に、私を知らないと三度言うであろう

（イエスはオリーブ山で弟子たちに「あなたがたはみな私につまずく」と言った）

時《とき》にペテロ、イエスに言《い》ふ『仮令《たとい》みな躓《つまず》くとも、我《われ》は然《しか》らじ』

イエス言《い》ひ給《たま》ふ

『まことに汝《なんじ》らに告《つ》ぐ、**今日《きょう》この夜《よ》、鶏《にわとり》ふたたび鳴《な》く前《まえ》に、なんぢ三《み》たび我《われ》を否《いな》むべし**』

ペテロ力《ちから》をこめて言《い》ふ『われ汝《なんじ》とともに死《し》ぬべき事《こと》ありとも、汝《なんじ》を否《いな》まず』

弟子《でし》たち皆《みな》かく言《い》へり。

（マルコ伝福音書14章29～31）

するとペテロがイエスに言った。「たとえみながつまずいても、私はつまずきません」。そこでイエスは彼に言われた。「あなたによく言っておく。**あなたは、今夜、鶏が二度鳴く前に、私を知らないと三度言うであろう**」。しかしペテロは強く言い張った。「たとえ、あなたと一緒に死ななければならないとしても、けっしてあなたを知らないなどとは言いません」。ほかの弟子も同じように言った。

椎《しい》名《な》麟《りん》三《ぞう》の自伝的小説『神の道化師』。家出少年が無料宿泊所で見た最底辺の救いのない生。そこから脱出を図ってレストランで働いていたとき、宿泊所で少年に親切を尽くしてくれた男が物乞いに現れた。しかし、同僚に「何や、こいつ」と問われた少年は、「わい、知りまへんのや。乞食だっしゃろ」と冷然と切り捨てた。「ペテロのイエスの否認を思いださせる短編の傑作」と埴《はに》谷《や》雄《ゆ》高《たか》は評した。

イエスは自分が十字架につけられようとするときに弟子たちが自分を棄てて逃げ去ることを予告する。ペテロはほかの弟子たちが裏切っても自分はけっして裏切らないと言い張るが、イエスは「**あなたは、今夜、鶏が二度鳴く前に、私を知らないと三度言うであろう**」と言った。するとペテロやほかの弟子たちは「けっして裏切りません」と抗弁した。しかしこののちペテロは、イエスを知っているかと問われて、三度にわたってイエスなどという男は知らないと否認することになる（一二八頁を参照）。

この場面からは、ペテロを叱責《しっせき》するというよりは、弱いペテロを強く思いやるイエスの心情を感じる。

51 剣をもとに収めなさい。剣を取る者はみな剣で滅びる

（イエスを裏切ろうとしたユダは、「私が口づけをする者がその人だ。その人を捕まえろ」と前もって示し合わせておいた。ユダはすぐにイエスに近寄り、「先生、こんばんは」と言って口づけをすると、イエスは言った）

『友《とも》よ、何《なに》とて来《きた》る』

このとき人々《ひとびと》すすみてイエスに手《て》をかけて捕《とら》ふ。視《み》よ、イエスと偕《とも》にありし者《もの》のひとり、手《て》をのべ剣《つるぎ》を抜《ぬ》きて、大祭司《だいさいし》の僕《しもべ》をうちてその耳《みみ》を切《き》り落《おと》せり。ここにイエス彼《かれ》に言《い》ひ給《たま》ふ

『なんぢの剣《つるぎ》をもとに収《おさ》めよ、すべて剣《つるぎ》をとる者《もの》は剣《つるぎ》にて亡《ほろ》ぶるなり。』（マタイ伝福音書26章50～52）

イエスは「友（ユダ）よ、何をしに来たのか、しようとしていることをするがよい」と言われた。そのとき、人びとが進み寄り、イエスに手をかけて捕らえた。すると、イエスと一緒にいた者の一人が、剣に手をかけて抜き放ち、大祭司の手下に切りかかり、その片方の耳を切り落とした。そのとき、イエスは彼に言われた。「**剣をもとに収めなさい。剣を取る者はみな剣で滅びる**」

十二使徒の一人ユダの裏切りに乗じてイエスを捕らえようと、剣や棒を持って迫ってきた者たちに、イエスのそばに立っていた者の一人（「ヨハネによる福音書」では使徒ペテロ）が剣を抜いて立ち向かい、その一人の耳を切り落とした。そのときイエスは「**剣を取る者はみな剣で滅びる**」と言って剣をもとの鞘《さや》に収めさせた。イエスは神と人を和解させるために、人と人を和解させるためにこの世に来た。

裏切り者の代名詞になったユダ。一一三頁でふれた太宰治の『駈込み訴え』にはユダの心境がこう描かれている。「熱いお詫びの涙が気持よく頬を伝って流れて、やがてあの人は私の足をも静かに、ていねいに洗って下され、腰にまとって存った手巾《しゅきん》で柔かく拭いて、ああ、そのときの感触は。そうだ、私はあのとき、天国を見たのかも知れない。（中略）あの人からそう言われてみれば、私はやはり潔くなっていないのかも知れないと気弱く肯定する僻《ひが》んだ気持が頭をもたげ、とみるみるその卑屈の反省が、醜《みにく》く、黒くふくれあがり、私の五臓六腑《ごぞうろっぷ》を駈けめぐって、逆にむらむら憤怒《ふんぬ》の念が炎を挙げて噴出したのだ。ええっ、だめだ。私は、だめだ。あの人に心の底からきらわれている。売ろう。売ろう」

52 あなたがたが話しているそんな人は知らない

此《こ》の時《とき》ペテロ盟《うけ》ひかつ誓《ちか》ひて
『われは汝《なんじ》らの言《い》ふ其《そ》の人《ひと》を知《し》らず』
と言《い》ひ出《い》づ。その折《おり》しも、また鶏《にわとり》なきぬ。
ペテロ『にはとり二度《ふたたび》なく前《まえ》に、なんぢ三度《みたび》われを否《いな》まん』とイエスの言《い》ひ給《たま》ひし御言《みことば》を思《おも》ひいだし、思《おも》ひ反《かえ》して泣《な》きたり。

（マルコ伝福音書14章71～72）

するとペテロは神罰《しんばつ》をもいとわないと誓って、「あなたがたが話しているそんな人は知らない」と言いはじめた。するとすぐに鶏が鳴いた。それは二度目であった。ペテロは、「鶏が二度鳴く前に、あなたは三度私を知らないと言うであろう」というイエスの言葉を思いだして、突然泣きだした。

イエスは捕らえられ、大祭司の邸で尋問された。中庭で尋問の様子をうかがっていたペテロのところへ、大祭司に仕える下女が来て、「あなたも、あのナザレのイエスと一緒にいた」と言うと、ペトロはまったく知らないと否定した。薄暗い庭口に移動すると（ここで鶏が鳴く）、下女がまた来て、居合わせた人びとに「この人はあの人たちの仲間です」と言った。ペテロは否定した。しばらくして、居合わせた人びとが「確かに、おまえは彼らの仲間だ。おまえはガリラヤ（イエスが宣教した地方）の者だから」と言った。ペテロはまたも否定した（鶏がふたたび鳴く）。この三度目の否認の場面が右頁の言葉だ。

弟子たちはみなイエスを棄てて逃げたが、ペトロはイエスの身を案じて大祭司の邸にもどってきた。そこで見とがめられ、危険を感じてイエスなど知らないと言ってしまったが、イエスを愛し、イエスを思う心はむしろ強められたかもしれない。死の二年前に病床で受洗した福永武彦は『心の中を流れる河』という小説で登場人物の牧師に語らせている。「ペテロでさえもが、危急の際に主を否認した。しかもイエスはあらかじめそのことを知りたもうた。イエスは、どんなに信仰の厚い者であっても、人間である以上は、恐れて過ちをし出来《でか》すことがあるのを知っておられた。それを咎《とが》めようとはなさらなかった。そこに、私たちはイエスの限りない愛情と、またその悲しみとを知るのであります」

53　十字架につけろ、十字架につけろ

ピラトはイエスを赦《ゆる》さんと欲《ほっ》して、再《ふたた》び彼《かれ》らに告《つ》げたれど、彼《かれ》ら叫《さけ》びて『十字架《じゅうじか》につけよ、十字架《じゅうじか》につけよ』と言《い》ふ。ピラト三度《みたび》まで『彼《かれ》は何《なに》の悪事《あくじ》を為《な》ししか、我《われ》その死《し》に当《あた》るべき業《わざ》を見《み》ず、故《ゆえ》に懲《こら》しめて赦《ゆる》さん』と言《い》ふ。

されど人々《ひとびと》、大声《おおごえ》をあげ迫《せま》りて、十字架《じゅうじか》につけんことを求《もと》めたれば、遂《つい》にその声《こえ》勝《か》てり。ここにピラトその求《もとめ》の如《ごと》くすべしと言渡《いいわた》し、その求《もと》むるままに、かの一揆《いっき》と殺人《ひとごろし》との故《ゆえ》によりて獄《ひとや》に入《い》れられたる者《もの》を赦《ゆる》し、イエスを付《わた》して彼《かれ》らの心《こころ》の随《まま》ならしめたり。

（ルカ伝福音書23章20～25）

ピラトはイエスを釈放しようと思い、あらためて呼びかけた。しかし群衆は「**十字架につけろ、十字架につけろ**」と叫びつづけた。ピラトは三度《みたび》言った。「この人がどんな悪いことをしたというのか。この人には死に値する罪は何も認められない。だから私はこの人を鞭で懲《こ》らしめたうえで釈放することにする」。ところが、群衆はあくまでイエスを十字架につけるよう主張し、大声で要求した。そして、ついにその声が勝った。ピラトは群衆の要求を入れて、暴動と殺人のかどで投獄されていた男（バラバ）を群衆の要求どおりに釈放し、イエスを群衆に引き渡して、思うままにさせた。

イエスはユダヤ人の生殺与奪の権をにぎっていたローマ帝国のユダヤ属州総督ポンテオ・ピラトの前に立たされた。過越《すぎこ》し祭というユダヤ教の祭りでの罪人の恩赦にあたり、ピラトは、民衆がイエスの放免を求めることを予想して、イエスかバラバという囚人かの選択を迫った。ところが、大祭司たちにそそのかされた民衆はバラバの赦免とイエスの処刑を要求。ピラトはこれに従った。

ここに描かれているのは、煽動に乗りやすい人間の姿そのまま。ピラトは「**この人には死に値する罪は何も認められない**」とイエスを弁護したが、「**十字架につけろ**」と一点張りの民衆に押し切られてしまった。群衆たちは、正義の叫び声をあげ、正しいことをしているつもりだった。

バラバはその後どうなったか。聖書には書かれていないが、ペール・ラーゲルクヴィストの小説『バラバ』（ノーベル文学賞受賞）はイエスの身代わりに釈放された犯罪者バラバの数奇な運命を描いている。

54 わが神、わが神、どうして私をお見棄てになったのですか

昼《ひる》の十二《じゅうに》時《じ》に、地《ち》のうへ偏《あまね》く暗《くら》くなりて、三時《さんじ》に及《およ》ぶ。三時《さんじ》にイエス大声《おおごえ》に『エロイ、エロイ、ラマ、サバクタニ』と呼《よば》はり給《たま》ふ。之《これ》を釈《と》けば、**わが神《かみ》、わが神《かみ》、なんぞ我《われ》を見《み》棄《す》て給《たま》ひし、**との意《こころ》なり。傍《かたわ》らに立《た》つ者《もの》のうち或人々《あるひとびと》これを聞《き》きて言《い》ふ『視《み》よ、エリヤを呼《よ》ぶなり』一人《ひとり》はしり往《ゆ》きて、海綿《うみわた》に酸《す》き葡萄酒《ぶどうしゅ》を含《ふく》ませて葦《あし》につけ、イエスに飲《の》ましめて言《い》ふ『待《ま》て、エリヤ来《きた》りて、彼《かれ》を下《おろ》すや否《いな》や、我《われ》ら之《これ》を見《み》ん』イエス大声《おおごえ》を出《いだ》して息絶《いきた》え給《たま》ふ。

（マルコ伝福音書15章33〜37）

正午になったとき、全地が暗くなり、午後三時までつづいた。そして三時ごろに、イエスは大声で「エロイ、エロイ、ラマ（レマ）、サバクタニ」と叫んだ。「**わが神、わが神、どうして私をお見棄てになったのですか**」という意味である。居合わせた人たちがこれを聞いて、「見よ、エリヤを呼んでいる」（旧約の預言者エリヤが再来するとの伝承）と言う者がいた。すると一人が走り寄り、海綿にすっぱいぶどう酒を含ませて葦《あし》の棒につけ、「待て、エリヤが彼を降ろしに来るかどうか見ていよう」と言いながら、イエスに飲ませようとした。イエスは大声をあげて息を引きとった。

イエスはゴルゴタ（エルサレム城壁の外にあったとされる処刑場）に連れて行かれ、二人の強盗と一緒にはりつけにされ、「**いますぐ十字架から降りるがいい。それを見たら、信じてやろう**」と侮辱された。沈黙する神に対して「**エロイ、エロイ、ラマ、サバクタニ**」（わが神、わが神、どうして私をお見棄てになったのですか）とイエスは言った。この言葉は旧約聖書「詩篇」にあるもので、これにつづけて「**あなたに依《よ》り頼んで、裏切られたことはない**」と神への信頼が語られる。イエスは神をたたえようとしたのだが、それがかなわないうちに息絶えたのかもしれない。あるいは、当時は冒頭の一部を引用することで全体を引用したとみなす記述法が一般的だったので、冒頭の言葉のみを記したのかもしれない。

遠藤周作の『沈黙』。日本に宣教に来たポルトガル人司祭がキリシタン弾圧に耐えかねて踏み絵を踏む。すると絵の中のイエスが「踏むがいい。（中略）その足の痛さだけでもう充分だ。私はお前たちのその痛さと苦しみをわかちあう」「私は沈黙していたのではない。一緒に苦しんでいたのに」と答えた。

55　われ渇く

この後《のち》イエス万《よろず》の事《こと》の終《おわ》りたるを知《し》りて、——聖書《せいしょ》の全《まっと》うせられん為《ため》に——『われ渇《かわ》く』と言《い》ひ給《たま》ふ。

ここに酸《す》き葡萄酒《ぶどうしゅ》の満《み》ちたる器《うつわ》あり、その葡萄酒《ぶどうしゅ》のふくみたる海綿《うみわた》をヒソプに著《つ》けてイエスの口《くち》に差附《さしつ》く。

イエスその葡萄酒《ぶどうしゅ》をうけて後《のち》いひ給《たま》ふ『事畢《ことおわ》りぬ』遂《つい》に首《こうべ》をたれて霊《れい》をわたし給《たま》ふ。

（ヨハネ伝福音書19章28～30）

エル・グレコ「十字架を握り締めるキリスト」

そののちイエスはすべてのことが成し遂げられたのを知り、「**われ渇く**」と言われた。こうして聖書の言葉が成就《じょうじゅ》した。そこにはすっぱいブドウ酒を満たした器が置いてあった。人びとはこのブドウ酒をふくませた海綿《かいめん》をヒソプ（植物の茎を束ねて棒状にしたもの）につけ、イエスの口もとに差し出した。イエスはこのブドウ酒を受けると、「**成し遂げられた**」と言って、頭を垂れ、息を引き取られた。

イエスの最期の言葉は、前項のマルコ伝やマタイ伝では「**わが神、わが神、なんぞ我を見棄て給ひし**」、ルカ伝では「**父よ、わが霊を御手《みて》にゆだぬ**」なのに対して、ヨハネ伝では右頁にあるように「**われ渇く**」「**事畢《ことおわ》りぬ**」（成し遂げられた）となっている。

最後の晩餐、ゲッセマネでの祈り、逮捕、裁判、十字架を背負って丘に登り、十字架につけられる。この二十時間ほどのあいだ、イエスは極限に置かれ、喉が渇いていた。「**渇く私に酢を飲ませよう**」（旧約聖書「詩篇」）として、人びとはイエスにすっぱくなったブドウ酒を差し出してさらに苦しめた。にもかかわらずイエスは「成し遂げられた」と言った。欲望のなせるままに飲み、飲めば飲むほどさらに渇く。それがこの世に生きる人びとの現実。イエスは人びとの「渇き」を身をもって引き受けた。

「**この水を飲む者はだれでもまた渇く。しかし、私が与える水を飲む者はけっして渇かない。私が与える水はその人の内で泉となり、永遠の命に至る水がわき出る**」。イエスの十字架上の死によって、「**私を信じる者はけっして渇くことがない**」との願いは「成し遂げられた」という意味にとれるだろう。

56 そのかたはここにはおられない。よみがえられた

（週の初めの日の明け方早く、婦人たちは、用意しておいた香料を持って墓に来たが、その中にイエスの体はなかった。すると、二人の天使が現れ、告げた）

『なんぞ死《し》にし者《もの》どもの中《うち》に生《い》ける者《もの》を尋《たず》ぬるか。

彼《かれ》は此処《ここ》に在《いま》さず、甦《よみが》へり給《たま》へり。

尚《なお》ガリラヤに居給《いたま》へるとき、如何《いか》に語《かた》り給《たま》ひしかを憶《おも》ひ出《い》でよ。

即《すなわ》ち「人《ひと》の子《こ》は必《かなら》ず罪《つみ》ある人《ひと》の手《て》に付《わた》され、十字架《じゅうじか》につけられ、かつ三日《みっか》めに甦《よみが》へるべし」と言《い》ひ給《たま》へり』

（ルカ伝福音書24章5〜7）

ティツィアーノ「我に触れるな」

「あなたがたはなぜ生きているかたを死人の中に捜すのか。**そのかたはここにはおられない。よみがえられた**（復活した）のだ。まだガリラヤ（イエスが宣教した地方）におられたころ、お話しになったことを思いだしなさい。『人の子は必ず罪人《つみびと》たちの手に渡され、十字架につけられ、三日目によみがえることになっている』と言われたではないか」

私は墓に眠ってなどいないので、墓の前で泣かないでください。千の風になって大きな空を吹きわたっている――右頁の場面は「千の風になって」という歌を思わせる。

イエスの十字架上の死を見届けたのが女性たちなら、墓を訪れてそこにイエスの遺体がないことを知ったのも、使徒（裏切りのユダを除く十一人）ではなく女性たちだった。「ルカによる福音書」ではマグダラのマリア、ヨハナ、ヤコブの母マリア、他の婦人たち。彼女たちは空っぽの墓で、天使から「**そのかたはここにはおられない。よみがえられた**」と告げられる。マリアたちは墓での出来事を使徒たちに話したが、たわごとと思って信用しなかった。ペテロは墓を見に行って、イエスの遺体を包んだ亜麻布《あまぬの》しかないことを確かめて驚いたが、この出来事が意味するところをいまだ理解しなかった。「ヨハネによる福音書」では復活のイエスがマグダラのマリアに現れ（マリアは最初、イエスを墓の管理人と勘違いした）、「**私に触れる**（すがりつく）**のはよしなさい。私はまだ天の父のもとに帰っていないのだから**」と告げた。

第2部

弟子たち、〝イエスの教え〟を語り継ぐ

つことを理由にローマでの裁判を要求して皇帝に上訴。それが認められてローマに護送された。「使徒行伝」（使徒言行録）は、パウロがローマで２年間、自費で借りた家に軟禁されながらも、訪れる者たちに宣教したと伝えている。

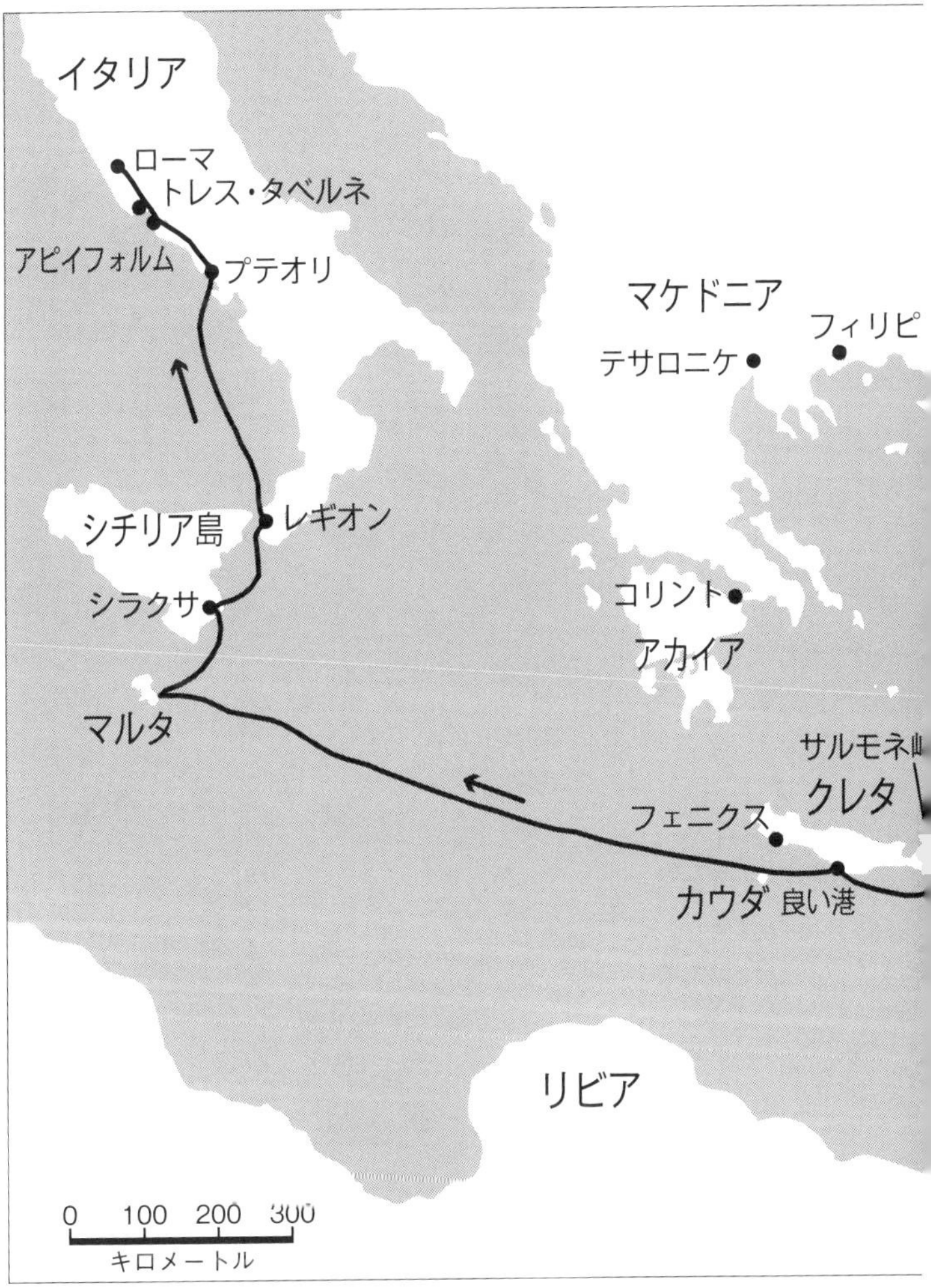

パウロのローマへの足跡

3回目の伝道旅行を終えてエルサレムに帰還したパウロは、ユダヤ人ら民衆に捕まって私刑にされそうになる。私刑はまぬがれたものの、最高法院（宗教指導者からなる最高裁判所）で裁きの場に立たされ、カイサリアで2年間監禁されることになった。そののちローマ総督や王の前で弁明の機会を与えられ、ローマ帝国の市民権を持

57 主よ、この罪を彼らに負わせないでください

（ステパノ〔ステファノ〕が「見よ、天が開《ひら》けて、人の子〔イエス〕が神の右に立っておられるのが見える」と言った）

ここに彼《かれ》ら大声《おおごえ》に叫《さけ》びつつ、耳《みみ》を掩《おお》ひ心《こころ》を一《ひと》つにして駆《か》け寄《よ》り、ステパノを町《まち》より逐《お》ひいだし、石《いし》にて撃《う》てり。証人《しょうにん》らその衣《ころも》をサウロといふ若者《わかもの》の足下《あしもと》に置《お》けり。

かくて彼等《かれら》がステパノを石《いし》にて撃《う》てるとき、ステパノ呼《よ》びて言《い》ふ

『主《しゅ》イエスよ、我《わ》が霊《れい》を受《う》けたまへ』

また跪《ひざま》づきて大声《おおごえ》に『**主《しゅ》よ、この罪《つみ》を彼《かれ》らに負《お》はせ給《たま》ふな**』

と呼《よば》はる。斯《か》く言《い》ひて眠《ねむり》に就《つ》けり。

（使徒行伝7章57～60）

人びとは大声で叫びながら耳をふさぎ、ステファノ目がけて一斉に襲いかかり、彼をエルサレム城壁の外に引きずり出して石を投げつけた。証人たち（最高法院でステファノを陥れるために偽りの証言をした者）は石を投げるために自分の上着をサウロという若者の足もとに置いた。彼らが石を投げつけているあいだ、ステファノは「主イエスよ、私の霊をお受けください」と祈った。そして、ひざまずいて「**主よ、この罪を彼らに負わせないでください**」と大声で叫んだ。こう言って永遠の眠りについた。

「使徒行伝」（「使徒言行録」）はルカ著とされるが、無名の異邦人キリスト者によるという説が有力。

イエスは復活してから四十日間、弟子たちに現れて神の国について語った。「**あなたがたの上に聖霊が降**《くだ》**ると、あなたがたは力を受ける。**（中略）**地の果てに至るまで、私の証人となる**」。聖霊に満たされた弟子たちは宣教に携わり、苦難の道を歩むも「**人に従うより、神に従うべきである**」と使命に邁進《まいしん》する。

そんな弟子たちによって選ばれた七人の奉仕者の一人がステファノ。熱心に活動したため、最高法院（宗教指導者からなる最高裁判所）で裁きを受けた。彼の顔はイエスの教えに救われた確信に満ちあふれて輝き、大祭司の糾弾《きゅうだん》に大演説で対抗し、自分を責める彼らの罪の救いを主イエスに願い求めた。

ステファノは石打ちの刑になり、「一粒の麦」は地に落ちて死んだが、芽を吹いた。ステファノの殉教をきっかけに起きたエルサレムの教会に対する大迫害により、ユダヤやサマリアの各地に散らばった者たちによってイエスの教えが告げ知らされることになった。

58 サウロ、サウロ、なぜ私を迫害するのか

（イエスの声が聞こえてきてサウロ〔パウロ〕に告げた）

往《ゆ》きてダマスコに近《ちか》づきたるとき、忽《たちま》ち天《てん》より光《ひかり》いでて、彼《かれ》を環《めぐ》り照《てら》したれば、かれ地《ち》に倒《たお》れて

『サウロ、サウロ、何《なん》ぞ我《われ》を迫害《はくがい》するか』

といふ声《こえ》をきく。

彼《かれ》いふ『主《しゅ》よ、なんぢは誰《たれ》ぞ』

答《こた》へたまふ『われは汝《なんじ》が迫害《はくがい》するイエスなり。起《お》きて町《まち》に入《い》れ、さらば汝《なんじ》なすべき事《こと》を告《つ》げらるべし』

（使徒行伝9章3〜6）

サウロ（ギリシア語読みでは「パウロス」〈パウロ〉）が旅をつづけてダマスコ（ダマスカス）の近くまで来たとき、突然、天からの光が輝き、彼を包んだ。彼が地に倒れたとき、「**サウロ、サウロ、なぜ私を迫害するのか**」という声を聞いた。そこで彼が「主よ、あなたはどなたですか」と尋ねると、その声は「私はあなたが迫害しているイエスである。さあ、立って、町に入れ。そうすれば、あなたがなすべきことが告げられるであろう」と言った。

サウロ（パウロ）は小アジア（トルコの大半部を占める半島）のタルソスに生まれたユダヤ人。律法に厳格なパリサイ派の家に育ち、エルサレムで律法を学んだ厳格なユダヤ教徒で、ローマ帝国の市民権も持っていた。「イエスは救い主である」はユダヤの神を冒瀆《ぼうとく》するものと反発し、大祭司のところに行き、ダマスカス（現在のシリアの首都）の諸会堂（シナゴーグ）宛ての手紙を書いてくれるように頼む。イエスの教えに従う者を見つけしだい縛りあげてエルサレムに連行するためだった。

こうしてパウロがダマスカスのキリスト者迫害に向かう途上、突如として「**サウロ、サウロ、なぜ私を迫害するのか**」というイエスの声が聞こえてきて、目が見えなくなった。「**同行の者たちは、声は聞こえても、だれの姿も見えないので、ものも言えずに立っていた。サウロは地面から起き上がって目を開けたが、何も見えなかった。そこで、人びとは彼の手を引いてダマスコへ連れて行った。サウロは三日のあいだ目が見えず、食べることも飲むこともしなかった**」

59　目からうろこのようなものが落ちて、見えるようになった

（イエスは幻《まぼろし》の中で弟子のアナニヤ〔アナニア〕に、サウロ〔パウロ〕のもとに行くように命じた）

ここにアナニヤ往《ゆ》きて其《そ》の家《いえ》にいり、彼《かれ》の上《うえ》に手《て》をおきて言《い》ふ『兄弟《きょうだい》サウロよ、主《しゅ》すなはち汝《なんじ》が来《きた》る途《みち》にて現《あらわ》れ給《たま》ひしイエス、われを遣《つかわ》し給《たま》へり。なんぢが再《ふたた》び見《み》ることを得《え》、かつ聖霊《せいれい》にて満《みた》されん為《ため》なり』直《ただ》ちに**彼《かれ》の目《め》より鱗《うろこ》のごときもの落《お》ちて見《み》ることを得《え》、**すなはち起《お》きてバプテスマを受《う》け、かつ食事《しょくじ》して力《ちから》づきたり。サウロは数日《すにち》の間《あいだ》ダマスコの弟子《でし》たちと偕《とも》にをり、直《ただ》ちに諸会堂《しょかいどう》にて、イエスの神《かみ》の子《こ》なることを宣《の》べたり。

（使徒行伝9章17〜20）

アナニアは出かけて行ってその家に入り、サウロの上に手を置いて言った。「兄弟サウロ、あなたが来る途中で、あなたに現れた主イエスが、あなたがふたたび目が見えるようになり、また、聖霊で満たされるようにと、私を遣わされたのです」

すると、**たちまちサウロの目からうろこのようなものが落ちて、目が見えるようになった**。そこで、彼は立ち上がって洗礼を受け、食事をとって元気をとりもどした。

サウロはそれから数日のあいだ、ダマスカスの弟子たちと共に過ごしたのち、ただちにあちこちの会堂で、「この人（イエス）こそ神の子である」と説きはじめた。

サウロ（パウロ）の目が見えなくなって三日後、アナニアというイエスの弟子がサウロを訪ね、「**あなたが来る途中で、あなたに現れた主イエスが、あなたがふたたび目が見えるようになり、また、聖霊で満たされる**（神の力が働く）**ようにと、私を遣わされたのです**」と告げると、目からうろこのようなものが落ち、目が見えるようになった。「目からうろこが落ちる」出来事に遭遇して、サウロの心の視界も開けた。彼はすぐに身を起こして洗礼を受け、食事をとって元気をとりもどし、イエスの教えを告げ知らせるようになった。「サウロの回心」として知られる場面。これを境に、パウロは、彼がいなければその後のキリスト教の歴史は変わっていただろうと言われるほどの働きをする。サウロは「**異邦人や王たち、イスラエルの民らに、私**（イエス）**の名を伝えるために私が選んだ器**」だった。

60 受けるよりは与えるほうが幸いである

（パウロはエフェソの教会の長老たちに語った）

『われ今《いま》なんぢらを、主《しゅ》および其《そ》の恵《めぐみ》の御言《みことば》に委《ゆだ》ぬ。御言《みことば》は汝《なんじ》らの徳《とく》を建《た》て、すべての潔《きよ》められたる者《もの》とともに嗣業《しぎょう》を受《う》けしめ得《う》るなり。我《われ》は人《ひと》の金銀《きんぎん》・衣服《いふく》を貪《むさぼ》りし事《こと》なし。この手《て》は我《わ》が必要《ひつよう》に供《そな》へ、また我《われ》と偕《とも》なる者《もの》に供《そな》へしことを汝等《なんじら》みづから知《し》る。我《われ》すべての事《こと》に於《おい》て例《れい》を示《しめ》せり、即《すなわ》ち汝《なんじ》らも斯《か》く働《はたら》きて、弱《よわ》き者《もの》を助《たす》け、また主《しゅ》イエスの自《みずか》ら言《い》ひ給《たま》ひし「**与《あた》ふるは受《う》くるよりも幸福《さいわい》なり**」との御言《みことば》を記憶《きおく》すべきなり』

（使徒行伝20章32〜35）

「いま私はあなたがたを神とその恵みの言葉にゆだねます。この御言葉には、あなたがたを造りあげ、聖なるものとされたすべての人びとと共に、恵みを受け継がせること（嗣業《しぎょう》）ができるのです。私は人の金銀や衣服をむさぼったことはありません。あなたがたが知っているとおり、私はこの手で自身の生活のためにも、共にいる人たちのためにも働いたのです。あなたがたもこのように働いて弱い者を助けるように、またイエスご自身が『**受けるよりは与えるほうが幸いである**』と言われた言葉を心にとどめておくようにと、私はいつも身をもって示してきました」

パウロはアンティオキア（現在のトルコの都市）を拠点として小アジア、マケドニアなどローマ帝国領内へ赴き、バルナバらの弟子や協力者と共に異邦人への布教活動をおこなった。その伝道旅行は三回に及び、それぞれ数年、一千キロメートル以上にものぼった。その三回目の伝道の終わりにエルサレムに向かうとき、彼《か》の地で投獄と苦難が待ち受けていることを予期していたパウロは、その途中の小アジアにあるミレトスでエフェソ（トルコ西部の小アジアの都市。当時はローマ帝国の属州の首府）の教会の長老たちを呼び寄せて永遠の別れを告げた。そのときの言葉が右頁のものだ。

このあと、パウロは長老たちと一緒にひざまずいて祈った。「**人びとはみな激しく泣き、パウロの首を抱いて口づけをした。とくに『もう二度と私の顔を見ることはないだろう』とパウロが言ったので、非常に悲しんだ。人びとはパウロを船まで見送りに行った**」

61 元気を出しなさい。命を失う者は一人もありません

（ローマへ向かう船が難破しそうになったとき、パウロは同行者に告げた）

『人《ひと》々《びと》よ、なんぢら前《さき》に我《わ》が勧《すすめ》をきき、クレテより船出《ふなで》せずして、この害《がい》と損《そん》とを受《う》けずあるべき筈《はず》なりき。いま我《われ》なんぢらに勧《すす》む、**心《こころ》安《やす》かれ、汝《なんじ》等《ら》のうち一人《ひとり》だに生命《いのち》をうしなふ者《もの》なし、**ただ船《ふね》を失《うしな》はん。わが属《ぞく》するところ我《わ》が事《つか》ふる所《ところ》の神《かみ》の使《つかい》、昨《さく》夜《や》わが傍《かたわ》らに立《た》ちて、「パウロよ、懼《おそ》るな、なんぢ必《かなら》ずカイザルの前《まえ》に立《た》たん、視《み》よ、神《かみ》は汝《なんじ》と同《どう》船《せん》する者《もの》をことごとく汝《なんじ》に賜《たま》へり」と云《い》ひたればなり。』

（使徒行伝27章21～24）

「みなさん、あなたがたが私の言葉を聞き入れてクレタ島を出帆しなかったら、こんな危険や損失を避けられたでしょう。しかし今、あなたがたに勧めます。**元気を出しなさい。みなさんのうち命を失う者はだれ一人としてありません。**失うのは船だけです。昨夜、私が仕え、拝む神からの使いが私のそばに立って、『パウロ、恐れるな。あなたは必ずローマ皇帝の前に出頭しなければならない。見なさい、神はあなたと一緒に航海をしている人びとの命をあなたに任せてくださったのである』と言われました」

エルサレムに着いたパウロは、予想したように、「**この男はいたるところで、民と律法とこの場所**（神殿の境内《けいだい》）**に反することをだれにでも教えている**」として民衆に捕らえられた。そののち最高法院で取り調べを受ける。パウロが兵営に連れてこられた夜、イエスがかたわらに立って、「**勇気を出せ。エルサレムで私のことを力強く証《あか》しした**（イエスの教えを告げ知らせた）**ように、ローマでも証しをしなければならない**」と励ました。

ローマ皇帝のもとでの裁判を要求して連行されることになったパウロと彼に同行した人びとを乗せた船は、クレタ島の岸に沿って進むが、まもなく暴風が島の方から吹き降ろしてきた。船はそれに巻き込まれ、流されるにまかせた。やがてカウダという小島の陰に来たが、船はまだまだ流されつづけた。神から同行者の命をあずけられたパウロは「**みなさん、元気を出しなさい。私は神を信じています。私に告げられたことは、そのとおりになります。私たちは必ずどこかの島に打ち上げられるはずです**」と励ました。

62　苦難は忍耐を、忍耐は練達を、練達は希望を生みだす

（パウロはローマの信徒に宛てた手紙で告げた）

斯《か》く我《われ》ら信仰《しんこう》によりて義《ぎ》とせられたれば、我《われ》らの主《しゅ》イエス・キリストに頼《よ》り、神《かみ》に対《たい》して平和《へいわ》を得《え》たり。また彼《かれ》により信仰《しんこう》によりて、今立《いまた》つところの恩恵《めぐみ》に入《い》ることを得《え》、神《かみ》の栄光《えいこう》を望《のぞ》みて喜《よろこ》ぶなり。然《しか》のみならず患難《かんなん》をも喜《よろこ》ぶ、そは**患難《かんなん》は忍耐《にんたい》を生《しょう》じ、忍耐《にんたい》は練達《れんたつ》を生《しょう》じ、練達《れんたつ》は希望《きぼう》を生《しょう》ず**と知《し》ればなり。希望《きぼう》は恥《はじ》を来《きた》らせず、我《われ》らに賜《たま》ひたる聖霊《せいれい》によりて神《かみ》の愛《あい》われらの心《こころ》に注《そそ》げばなり。

（ロマ人への書5章1～5）

それゆえ、信仰によって義（正しい者）とされた私たちは、私たちの主イエス・キリストによって神とのあいだに平安を得ています。

このキリストのおかげで、信仰によっていまの恵みに導き入れられた私たちは、神の栄光にあずかる希望を大いに喜んでいます。それればかりでなく、苦難さえも喜んでいます。**苦難は忍耐を生み、忍耐は試練にみがかれた練達を生み、練達は希望を生みだす**ことを知っているからです。希望は私たちを裏切ることはありません。私たちに与えられた聖霊（人の内に働く神の力）によって、神の愛が私たちの心に注がれているからです。

「ロマ人への書」（ローマの信徒への手紙）は、コリントに滞在中のパウロがローマのキリスト教徒に宛てて書いた手紙。当時、ローマには多数のユダヤ人が住んでいて、ユダヤ人と彼らにとっては異邦人であるローマ市民からなるキリスト者の共同体が生まれていた。パウロがローマの信仰共同体に書簡を送った理由の一つに、ユダヤ人と異邦人が必ずしもうまくいっていないことがあった。

パウロはこうした状況をふまえて、「**苦難は忍耐を生み、忍耐は練達を生み、練達は希望を生みだす**」と励ました。ここで言う「練達」は修行によるという意味ではなく、金属が火で精錬されて純度を高めるように「徳（信仰の純度）が高くなる」という意味。苦難は人に耐えることを教え、耐えることで信仰が高められ、信仰によって希望がもたらされる。

63　喜ぶ人と共に喜び、泣く者と共に泣きなさい

（パウロはローマの信徒に宛てた手紙で告げた）

汝《なんじ》らを責《せ》むる者《もの》を祝《しゅく》し、これを祝《しゅく》して詛《のろ》ふな。**喜《よろこ》ぶ者《もの》と共《とも》によろこび、泣《な》く者《もの》と共《とも》になけ。**相互《あいたがい》に心《こころ》を同《おな》じうし、高《たか》ぶりたる思《おも》ひをなさず、反《かえ》つて卑《ひく》きに附《つ》け。なんぢら己《おのれ》を聴《さと》しとすな。悪《あく》をもて悪《あく》に報《むく》いず、凡《すべ》ての人《ひと》のまへに善《よ》からんことを図《はか》り、汝《なんじ》らの為《な》し得《う》るかぎり力《つと》めて凡《すべ》ての人《ひと》と相和《あいやわら》げ。

（ロマ人への書12章14〜18）

あなたがたを迫害する者の上に祝福があるように願いなさい。祝福を祈るのであって、のろいを求めてはいけません。**喜ぶ人と共に喜び、泣く者と共に泣きなさい**。互いに思いを一つにし、高ぶらず、身分の低い人びとの仲間となりなさい。自分を賢い者だとうぬぼれてはなりません。だれに対しても、悪に悪を返さず、すべての人の前でよいことをおこなうように心がけなさい。できることなら、あなたがたの力の及ぶかぎり、すべての人と平和に暮らしなさい。

パウロは、フィリピでは鞭で打たれて投獄され、ダマスカスでは弟子たちに籠に入れられて町の城壁から吊りおろされて脱出し、エルサレムでは法廷に引きだされてなきものにされようとするなど、困難の連続だった。そのパウロが言う「**あなたがたを迫害する者の上に祝福があるように願いなさい**」は、「敵を愛し、自分を迫害する者のために祈りなさい」というイエスの言葉と重なる。

パウロは、「人はしばしば、喜ぶ人と共に喜べず、泣く人と共に泣くことができない」ことを知っていたからこそ、「自分を迫害する者のために祝福を祈る」ほどの覚悟と深い愛がなければ、「喜ぶ人と共に喜び、泣く人と共に泣く」ことはできないと説いたのだろう。

イエスが子ロバに乗ってエルサレムに入城しようとしてこの都が見えてきたとき、エルサレム（聖職者やパリサイ派の人びと）が自分を拒否していることを知っていたイエスは「**その都のために泣いた**」。自分の罪のために泣かなくてはならないはずのエルサレムの人びとに代わってイエスは涙を流した。

64 強い者は強くない者の弱さをになうべきである

（パウロはローマの信徒に宛てた手紙で告げた）

われら強《つよ》き者《もの》はおのれを喜《よろこ》ばせずして、力《ちから》なき者《もの》の弱《よわき》を負《お》ふべし。

おのおの隣人《となりびと》の徳《とく》を建《た》てん為《ため》に、その益《えき》を図《はか》りて之《これ》を喜《よろこ》ばすべし。キリストだに己《おのれ》を喜《よろこ》ばせ給《たま》はざりき。録《しる》して『なんぢを謗《そし》る者《もの》の謗《そしり》は我《われ》に及《およ》べり』とあるが如《ごと》し。

（ロマ人への書15章1〜3）

私たち強い者は、強くない者の弱さをになうべきであり、自分の満足を求めるべきではありません。

私たちは一人ひとり、善をおこなって隣人を喜ばせ、互いの向上に努めるべきです。

キリストも自身の満足を求められませんでした。

「あなたをそしる者のそしりが、私の上にふりかかった」と書いてあるとおりです。

「人は独りでは生きられない存在」であり「例外なくだれかの助けを必要とする存在」なことを回心を機に痛感したパウロは、イエスが弱い者に寄り添ったように、神の恵みにあずかって「強め」られているあなたたちは、「弱さ」を抱える人たちに手を差し伸べるように、と説いた。

かつてキリスト者迫害に意欲満々だったパウロは、目が見えなくなるという「弱い」立場におちいるが、「回心」によって神の恵みにあずかり「強め」られた。だから「**強い者は、強くない者の弱さをになうべき**」はパウロの実感から出た言葉だった。

「弱さ」と訳されるギリシア語「アスセネイヤ」は、「本来の姿」を失っていることから来る「無力」を表し、「病気」と訳されることもあるという。パウロも回心によって「ほんとうの自分」に目覚めた。

「**あなたをそしる者のそしりが、私の上にふりかかった**」は旧約聖書の「詩篇」からの引用で、イエスが人びとの「そしり」を引き受け、十字架にかかったことを表している。

65　私は目標もなく、やみくもに走ったりしません

（パウロはコリントの信徒に宛てた手紙で告げた）

なんぢら知《し》らぬか、馳場《はせば》を走《はし》る者《もの》はみな走《はし》れども、褒美《ほうび》を得《う》る者《もの》の、ただ一人《ひとり》なるを。汝《なんじ》らも得《え》んために斯《か》く走《はし》れ。

すべて勝《かち》を争《あらそ》ふ者《もの》は何事《なにごと》をも節《せっ》し慎《つつし》む、彼《かれ》らは朽《く》つる冠冕《かんむり》を得《え》んが為《ため》なれど、我《われ》らは朽《く》ちぬ冠冕《かんむり》を得《え》んがために之《これ》をなすなり。

斯《か》く我《わ》が走《はし》るは目標《めあて》なきが如《ごと》きにあらず、我《わ》が拳闘《けんとう》するは空《くう》を撃《う》つが如《ごと》きにあらず。わが体《からだ》を打《う》ち擲《たた》きて之《これ》を服従《ふくじゅう》せしむ。恐《おそ》らくは他人《たにん》に宣伝《のべつた》へて自《みずか》ら棄《す》てらるる事《こと》あらん。（コリント人への前の書9章24～27）

競技場でみな走っても、賞を受けるのはただ一人だということをあなたがたは知らないのですか。あなたがたも賞を得るように走りなさい。ところで、競技者はみな何事にも節制します。彼らは朽ちる冠を得るためにそうするのですが、私たちは朽ちることのない冠のために節制するのです。ですから、**私は目標もなく、やみくもに走ったりしないし、空《くう》を打つような拳闘もしません**。むしろ私は自分の体を打ちたたいて奴隷のように従わせます。それは、他の人びとにイエスの教えを告げ知らせておきながら、自分自身が失格者になってしまわないためです。

「コリント人《びと》への書」（コリントの信徒への手紙）は、エフェソに滞在していたパウロがギリシアのコリント在住のキリスト教徒に宛てた手紙。パウロはコリント教会を立ち上げるが、彼が去ったあと富める者が貧しい者をないがしろにしたり、教会内で党派争いが起きたため、パウロは批判する手紙を送った。

古代ギリシアの四大競技祭の一つイストミア大祭《たいさい》。古代オリンピックの前後の年に開催された。参加者はオリンピア競技同様、全員が数か月のあいだ厳しい訓練を積まなければならなかった。しかも栄冠を受けるのはただ一人。古代の競技者の節制は数か月で終わるが、信仰における節制は生涯つづく。

「ヘブライ人《びと》への手紙」には「**すべての重荷やからみつく罪をかなぐり捨てて、私たちに定められた競争**（信仰）**を忍耐強く走り抜こうではありませんか。信仰の導き手であり、その完成者であるイエスに目を注ごうではありませんか**」とある。そうすれば、だれでも「朽ちることのない冠」をかぶることができる。

66　耐えられないほどの試練に遭わせることはなさいません

（パウロはコリントの信徒に宛てた手紙で告げた）

汝《なんじ》らが遭《あ》ひし試煉《こころみ》は人《ひと》の常《つね》ならぬはなし。神《かみ》は真実《まこと》なれば、**汝《なんじ》らを耐《た》へ忍《しの》ぶこと能《あた》はぬほどの試煉《こころみ》に遭《あ》はせ給《たま》はず。**汝《なんじ》らが試煉《こころみ》を耐《た》へ忍《しの》ぶことを得《え》んために之《これ》と共《とも》に遁《のが》るべき道《みち》を備《そな》へ給《たま》はん。

（コリント人への前の書10章13）

あなたがたを襲った試練で、人間として耐えられないようなものはありませんでした。神は真実な方ですから、**あなたがたを耐えられないほどの試練に遭わせることはなさいません。**むしろ、耐えることができるように、試練と共に逃れる道をも備えてくださるのです。

「あしあと」（Footprints）という英文の詩（マーガレット・F・パワーズ作）がある。その一節。「『主よ。わたしがあなたに従うと決心したとき、あなたは、すべての道において、わたしとともに歩み、わたしと語り合ってくださると約束されました。それなのに、わたしの人生のいちばんつらい時、ひとりのあしあとしかなかったのです。いちばんあなたを必要としたときに、あなたが、なぜ、わたしを捨てられたのか、わたしにはわかりません。』主は、ささやかれた。『わたしの大切な子よ。わたしは、あなたを愛している。あなたを決して捨てたりはしない。ましてや、苦しみや試みの時に。あしあとがひとつだったとき、わたしはあなたを背負って歩いていた。』」（『あしあと』松代恵美訳）

右頁の「どんな逆境にあっても主は逃れる道を備えてくださっている。だから耐えられないほどの試練に遭うことはない」という言葉に重なる詩だ。

新島襄《じょう》は「神は人の堪《た》え得ざる程の困難に陥らざる内に、早くも手を出《だし》て之《これ》を助く」（『新島襄全集2』）と語っている。多大な困難があったにもかかわらず見えざる手の導きを確信し、見えざる手の導きにゆだねて同志社を創設するに至った。その建学精神はキリスト教精神にもとづく「良心」とされた。

67 もし体全体が目であったら、どこで聞くのでしょうか

（パウロはコリントの信徒に宛てた手紙で告げた）

足《あし》もし『我《われ》は手《て》にあらぬ故《ゆえ》に体《からだ》に属《ぞく》せず』と云《い》ふとも、之《これ》によりて体《からだ》に属《ぞく》せぬにあらず。耳《みみ》もし『われは眼《め》にあらぬ故《ゆえ》に体《からだ》に属《ぞく》せず』と云《い》ふとも、之《これ》によりて体《からだ》に属《ぞく》せぬにあらず。**もし全身《ぜんしん》、眼《め》ならば、聴《き》くところ何《いず》れか。もし全身《ぜんしん》、聴《き》く所《ところ》ならば、臭《か》ぐところ何《いず》れか。**げに神《かみ》は御意《みこころ》のままに肢《えだ》をおのおの体《からだ》に置《お》き給《たま》へり。若《も》しみな一《ひとつ》肢《えだ》ならば、体《からだ》は何《いず》れか。げに**肢《えだ》は多《おお》くあれど、体《からだ》は一《ひと》つなり。**

（コリント人への前の書12章15〜20）

たとえ足が「私は手ではないから、体の一部ではない」と言ったところで、体の一部でなくなるでしょうか。たとえ耳が「私は目ではないから、体の一部ではない」と言ったところで、体の一部でなくなるでしょうか。**もし体全体が目であったら、どこで聞くのでしょうか。もし体全体が耳であったら、どこでにおいをかぐのでしょうか。**

そこで神はお望みのままに、体に一つ一つの部分を備えてくださったのです。もし全部が一つの部分になってしまったら、体はいったいどこにあるのでしょう。こういうわけで、**多くの部分があっても、一つの体なのです。**

体にはいろいろな器官があり、それぞれ働きが違うから全体として機能する。体の一つの部分が苦しめば、ほかの部分も共に苦しみ、一つの部分が活性化すれば、他の部分も共に活性化する。パウロはこうたとえることで、「**あなたがたはキリストの体であり、一人ひとりはその部分なのです**」と、もしみんなが預言者や教師や使徒であったなら、体（キリスト共同体）は調和することができずに分裂してしまう。だから、「**体のうちでほかよりも弱いと見える部分が、かえって必要なのです**」と説いた。

体にはいろいろな器官があり、それぞれ働きが違うから全体が機能するように、人は一人ひとり違うから意味がある。一人ひとりが違うからこそ、はじめて全体として機能する。違いがあるからこそ、尊重し合い、ほんとうの人間関係が成立する。

68　愛がなければ、やかましく鳴るドラやシンバルと同じです

（パウロはコリントの信徒に宛てた手紙で告げた）

たとひ我《われ》もろもろの国人《くにびと》の言《ことば》および御使《みつかい》の言《ことば》を語《かた》るとも、
愛《あい》なくば鳴《な》る鐘《かね》や響《ひび》く鐃鈸《にょうはち》の如《ごと》し。
仮令《たとい》われ預言《よげん》する能力《ちから》あり、又《また》すべての奥義《おくぎ》と凡《すべ》ての知識《ちしき》とに達《たっ》し、
また山《やま》を移《うつ》すほどの大《おおい》なる信仰《しんこう》ありとも、
愛《あい》なくば数《かぞ》ふるに足《た》らず。
たとひ我《われ》わが財産《ざいさん》をことごとく施《ほどこ》し、又《また》わが体《からだ》を焼《や》かるる為《ため》に付《わた》すとも、
愛《あい》なくば我《われ》に益《えき》なし。

（コリント人への前の書13章1〜3）

たとえ私がすべての国の人の不思議な言葉や天使（神の使い）たちの不思議な言葉を語ろうとも、**愛がなければ、私はやかましく鳴り響くドラやシンバルと同じです。**

たとえ私が預言の賜物《たまもの》を持ち、あらゆる神秘と知識に通じていようとも、たとえ山を動かすほどの完全な信仰を持っていようとも、**愛がなければ、何の値打ちもありません。**

たとえ全財産を貧しい人びとのために使い尽くそうとも、また称賛を受けるためにわが身を死に引き渡そうとも、**愛がなければ、私には何の益もない。**


「**愛がなければ、私はやかましく鳴り響くドラやシンバルと同じです**」。インドで社会から見棄てられた人たちのために働いたマザー・テレサは、「そのおこないはあなたの愛から出ていますか」と、自らにも彼女の活動に加わる人にも問いつづけた。あなたのおこないは自己満足からではなく、イエスが説いた「小さい者に寄り添い、大切にしなさい」という愛から発していますか。核心に「愛」をすえたマザー・テレサの活動は効率とは対極にあったが、効率や成果に目を向けなかったからこそ大きな働きができた。奇蹟を起こすほどの信仰があろうとも、貧しい人のために施そうとも、殉教をしようとも、「愛がなければ」何の値打ちもない。それは音符（愛）なしにでたらめにシンバルを鳴らすのと同じことになってしまう。トマス・ア・ケンピスは『キリストにならいて』に「たとえわたしが世にあるすべてのことを知っても、愛がなければ、神の前に何の益があろう」（池谷敏雄訳）と書いた。

69 愛は決して滅びない

（パウロはコリントの信徒に宛てた手紙で告げた）

愛《あい》は寛容《かんよう》にして慈悲《じひ》あり。愛《あい》は妬《ねた》まず、愛《あい》は誇《ほこ》らず、驕《たかぶ》らず、非礼《ひれい》を行《おこな》はず、己《おのれ》の利《り》を求《もと》めず、憤《いきど》ほらず、人《ひと》の悪《あく》を念《おも》はず、不義《ふぎ》を喜《よろこ》ばずして、真理《まこと》の喜《よろこ》ぶところを喜《よろこ》び、凡《おおよ》そ事《こと》忍《しの》び、おほよそ事《こと》信《しん》じ、おほよそ事《こと》望《のぞ》み、おほよそ事《こと》耐《た》ふるなり。**愛《あい》は長久《いつ》までも絶《た》ゆることなし**。然《さ》れど預言《よげん》は廃《すた》れ、異言《いげん》は止《や》み、知識《ちしき》もまた廃《すた》らん。（コリント人への前の書13章4〜8）

げに信仰《しんこう》と希望《のぞみ》と愛《あい》と此《こ》の三《み》つの者《もの》は限《かぎ》りなく存《のこ》らん、而《しか》して其《そ》のうち最《もっと》も大《おおい》なるは愛《あい》なり。

（コリント人への前の書13章13）

愛は忍耐強く、情け深い。愛はねたまず、誇らず、高ぶらず、礼を失せず、自分の利益を求めず、怒らず、恨みを抱かず、不正を喜ばずして真実を喜ぶ。すべてをこらえ、すべてを忍び、すべてを望み、すべてに耐える。**愛は決して滅びない。**預言の賜物ならばすたれもしよう。不思議な言葉ならばやみもしよう。知識ならばすたれもしよう。
だから**いつまでも残るのは信仰、希望、愛、この三つである。そのなかで一番大いなるものは愛。**

大阪の釜ケ崎で日雇い労働者と共に歩んでいる本田哲郎神父は、右頁の冒頭から「愛は長久《いつ》までも絶ゆることなし」までの箇所をつぎのように訳している。「人を大切にするとは、忍耐づよく相手をすること。人を大切にするとは、思いやりをもって接すること。人を大切にするとは、ねたまず、うぬぼれず、思い上がらず、めざわりなことをせず、自分の利を求めず、いらだたず、人の意地悪を根にもたず、人を不正に抑圧して喜ばず、共に真実を喜ぶこと。人を大切にするとは、すべてをつつみこみ、なにごとも信頼してあゆみを起こし、すべてたしかなことに心を向け、どんなことにもめげずに立ちつづけることです。『人を大切にする』ということは、けっして途絶えることはありません」（『聖書を発見する』）「信頼して歩みを起こす」すなわち「信仰」であり、「たしかさに心を向ける」すなわち「希望」。そして「人を大切にする」すなわち「愛」。愛を知らずして信仰と希望を持つことはできない。信仰と希望の土台となるものが「愛」だとパウロは説いた。

70 「外なる人」は衰えても、「内なる人」は日々新しくされる

（パウロはコリントの信徒に宛てた手紙で告げた）

この故《ゆえ》に我《われ》らは落胆《きおち》せず、
我《われ》らが外《そと》なる人《ひと》は壊《やぶ》るれども、内《うち》なる人《ひと》は日々《ひび》に新《あらた》なり。
それ我《われ》らが受《う》くる暫《しばら》くの軽《かろ》き患難《なやみ》は、
極《きわ》めて大《おおい》なる永遠《とこしえ》の重《おも》き光栄《こうえい》を得《え》しむるなり。
我《われ》らの顧《かえり》みる所《ところ》は見《み》ゆるものにあらで見《み》えぬものなればなり。
見《み》ゆるものは暫時《しばらく》にして、見《み》えぬものは永遠《とこしえ》に至《いた》るなり。

（コリント人への後《のち》の書4章16～18）

ですから、私たちは生きる勇気を失いません。**たとえ私たちの「外なる人」が衰えていくとしても、私たちの「内なる人」は日に日に新しくされています。**

私たちの一時《いっとき》の苦しみや悩みは、くらべものにならないほど重みのある永遠の栄光を私たちにもたらしてくれます。私たちは、「見えるもの」にではなく、「見えないもの」にこそ目を注ぎます。「見えるもの」は過ぎ去りますが、「見えないもの」は永遠につづくからです。

伝道者パウロは、この手紙をマケドニアで書いたときには、それまでのように苛烈《かれつ》なまでの宣教の旅を精力的にこなす歳ではなくなっていたと思われる。強い使命感に突き動かされていたパウロも、「衰え」を自覚するようになる。しかしパウロは、たとえ「外なる人」が「衰え」ても「内なる人」は「日々新しくされている」ことを知っていた。

パウロは自分の人生を振り返って、「日々新しくされる内なる自分」という実感を抱いていた。かつてはキリスト信者や教会を迫害する急先鋒だった。それがダマスカスへの途上で復活のイエスに出会い、救い主と信じて以来、パウロの内に老いてなお「日々新しくされる」確かな希望を与えつづけていた。だから、この世の移ろいやすい「見えるもの」に目を奪われないで、永遠につづく「見えないもの」（信仰）に心を注ぎなさいと説いた。

71　私は大いに喜んで自分の弱さを誇ることにします

（パウロはコリントの信徒に宛てた手紙で、イエスの言葉を告げた）

『わが恩恵《めぐみ》なんぢに足《た》れり、
わが能力《ちから》は弱《よわ》きうちに全《まっと》うせらるればなり』
されぱキリストの能力《ちから》の我《われ》を庇《おお》はんために、
寧《むし》ろ**大《おおい》に喜《よろこ》びて我《わ》が微弱《よわき》を誇《ほこ》らん。**
この故《ゆえ》に我《われ》はキリストの為《ため》に微弱《よわき》・恥辱《はずかしめ》・艱難《なやみ》・迫害《はくがい》・苦難《くるしみ》に遭《あ》ふ
ことを喜《よろこ》ぶ、そは我《われ》よわき時《とき》に強《つよ》ければなり。

（コリント人への後の書12章9〜10）

イエスは「私の恵みは、あなたに十分である。私の力は、弱さのなかでこそ余すところなく発揮されるからである」と答えられた。

ですから、私は、キリストの力が私の内に宿るように、むしろ**大いに喜んで自分の弱さを誇ることにします**。それゆえ、弱さがあっても、虐待されても、災難に遭っても、迫害や行きづまりに出合っても、私はキリストのためならそれでいいと思っています。なぜなら私は弱いときにこそ強いからです。

明治時代の熊本の教育者・徳永規矩《きく》（「もとのり」「のりかね」とも）。キリスト者の彼は『逆境の恩寵《おんちょう》』という本を書いた（内村鑑三らが序文を書いて、信仰書として明治から昭和にかけてベストセラーとなった）。

「病気と貧乏とは私が授かった職業であって、寝床〈病床〉は私の受持ち工場だ。そして主はその全能の力によってこの無智無力の機械である私をこの工場に於《おい》て運転し、卑しい土の器に過ぎない私でさえも神の栄光のために特別にお役に立てて下さったのだ。（中略）わが愛する同胞達を天の父のお膝もとに導く〈神の恵みにあずからせる〉のが私の天職だと信じている」（〈 〉は引用者による）

徳永は赤貧《せきひん》と病気（肺結核）という弱みこそが自分が神から授かった職業（天職）であり、自分の弱さゆえに、弱みを抱えた者の痛みを知るからこそ、底辺にある人たちを救う仕事ができるのだと言っている。「**私は弱いときにこそ強い**」（神は弱さを用いて強めてくださる）のだから、徳永は弱さを誇りに思った。

72　互いに重荷を担い合いなさい

（パウロはガラテヤの信徒に宛てた手紙で告げた）

兄弟《きょうだい》よ、もし人《ひと》の罪《つみ》を認《みと》むることあらば、御霊《みたま》に感《かん》じたる者《もの》、柔《にゅう》和《わ》なる心《こころ》をもて之《これ》を正《ただ》すべし、且《かつ》おのおの自《みずか》ら省《かえり》みよ、恐《おそ》らくは己《おのれ》も誘《さそ》はるる事《こと》あらん。

なんぢら互《たがい》に重《おもき》を負《お》へ、而《しか》してキリストの律法《おきて》を全《まっと》うせよ。人《ひと》もし有《あ》ること無《な》くして自《みずか》ら有《あ》りとせば、是《これ》みづから欺《あざむ》くなり。各自《おのおの》おのが行為《おこない》を験《ため》し見《み》よ、さらば誇《ほこ》るところは他《ほか》にあらで、ただ己《おのれ》にあらん。各自《おのおの》おのが荷《に》を負《お》ふべければなり。

（ガラテヤ人への書6章1～5）

兄弟のみなさん。万一だれかが誘惑に陥り罪を犯したなら、内なる神の力（霊）に導かれて生きているあなたがたは、柔和な心でその人を正しい道に立ち返らせなさい。あなた自身も誘惑されないように、自分に気をつけなさい。**互いに重荷を担い合いなさい**。そうしてこそキリストの教えをまっとうすることになります。何者でもないのに自分をひとかどの者だと思うならば、自分自身を欺くことになります。一人ひとり自分のおこないを吟味《ぎんみ》してみなさい。そうすれば、自分にだけは誇れても、人には誇ることができないでしょう。それぞれが重荷を担うべきです。

「ガラテヤ人《びと》への書」（ガラテヤの信徒への手紙）は、パウロがエフェソに滞在中、ガラテヤ地方（現在のトルコの首都アンカラを中心とする小アジア中央部）の諸教会に宛てた手紙。

自分は人にできないことをやっている、高い立場にいると思うとき、うぬぼれが出てくる。しかし、よく考えれば弱い部分や失敗もたくさんある。そう思えば、人に誇ることなどできないことがわかる。当時、ユダヤ教から改宗したキリスト教宣教者が、異邦人がキリスト者となるためには、いったんユダヤ教の律法を遵守《じゅんしゅ》しなければならないと説くようなことが起きていたらしい。パウロはそうした状況に、イエスの恵みにあずかれなくさせるのは彼らのような優越感であるとし、そうした優越感によって自分を見失わないようにし、そして重荷（自分に与えられた使命）をまっとうしなさいと説いた。それぞれが自分が持てる分だけの荷物を持てば（使命を果たせば）、全体の荷物は軽くなる。

73 離れていた二つを一つのものにし、隔ての壁を取り壊した

（パウロはエフェソの信徒に宛てた手紙で告げた）

彼《かれ》は我《われ》らの平和《へいわ》にして、己《おの》が肉《にく》により、様々《さまざま》の誡命《いましめ》の規《のり》より成《な》る律法《おきて》を廃《はい》して、**二《ふた》つのものを一《ひと》つとなし、怨《うらみ》なる隔《へだて》の中籬《なかがき》を毀《こぼ》ち給《たま》へり。**

これは二《ふた》つのものを己《おのれ》に於《おい》て一《ひと》つの新《あたら》しき人《ひと》に造《つく》りて平和《へいわ》をなし、十字架《じゅうじか》によりて怨《うらみ》を滅《ほろぼ》し、また之《これ》によりて二《ふた》つのものを一《ひと》つの体《からだ》となして神《かみ》と和《やわら》がしめん為《ため》なり。

（エペソ人への書2章14〜16）

じつにキリストは私たちの平和であります。**互いに離れていた二つを一つのものにし、自分の体によって敵意という隔ての壁を取り壊し、**規則と戒律ずくめの律法を廃棄されました。キリストは、二つのものを自分に結びつけることによって一人の「新しい人」に造りあげて平和を実現しました。キリストは十字架によって敵意を滅ぼし、互いに離れていた二つのものを一つの体とし、神と和解させてくださいました。

「エペソ人《びと》への書」（エフェソの信徒への手紙）は、ローマで獄中（軟禁状態）にあったパウロがエフェソとその近辺の諸教会に宛てた手紙とされる（実際はパウロの名を借りて書かれたというのが有力だが、パウロの思想がよく表されているとされる）。

ユダヤ人と異邦人とを隔てる壁（エルサレム神殿の本殿にはユダヤ人教徒だけが入ることを許されていた）、ユダヤ人女性は「婦人の庭」にまでしか入れず、異邦人は婦人の庭のさらに外側にある「異邦人の庭」（非ユダヤ人の庭）にしか入れなかった。そうした差別の壁に囲まれたなかにあって、キリストは人と人とのあいだにある壁を取り壊し、「互いにゆるし合う」ことで平和をつくりだす、とパウロは説いた。

どちらか一方が滅びたり、他方に吸収することによって実現する平和ではなく、両者をキリストという「一つの体」で和解させて、「一人の新しい人」へとつくりあげる平和。パウロは「**あなたがたはもはや、外国人でも寄留者でもなく、聖なる民に属する者、神の家族である**」と宣言している。

74 何事も、不平や理屈を言わずにおこないなさい

（パウロはフィリピの信徒に宛てた手紙で告げた）

されば我《わ》が愛《あい》する者《もの》よ、なんぢら常《つね》に服《したが》ひしごとく、我《わ》が居《お》る時《とき》のみならず、我《わ》が居《お》らぬ今《いま》もますます服《したが》ひ、畏《おそ》れ戦《おのの》きて己《おの》が救《すくい》を全《まっと》うせよ。神《かみ》は御意《みこころ》を成《な》さんために汝《なんじ》らの衷《うち》にはたらき、汝等《なんじら》をして志望《こころざし》をたて、業《わざ》を行《おこな》はしめ給《たま》へばなり。**なんぢら呟《つぶや》かず疑《うたが》はずして、凡《すべ》ての事《こと》をおこなへ。**是《これ》なんぢら責《せ》むべき所《ところ》なく素直《すなお》にして、此《こ》の曲《まが》れる邪悪《よこしま》なる時代《じだい》に在《あ》りて神《かみ》の瑕《きず》なき子《こ》とならん為《ため》なり。汝《なんじ》らは生命《いのち》の言《ことば》を保《たも》ちて、世《よ》の光《ひかり》のごとく此《こ》の時代《じだい》に輝《かがや》く。

（ピリピ人への書2章12〜15）

ですから、私の愛する人たち、これまでいつも従順であったように、私が一緒にいるときだけでなく、〈獄中にいて〉一緒にいない今はなおさらのこと、従う者であってください。恐れおののきながら、自分の救いを力を尽くして達成しなさい。神は御心のままに、あなたがたの内に働きかけて、ご自分のよしとするところをあなたがたに望ませ、実行に移してくださるのです。**何事も、不平や理屈を言わずにおこないなさい**。そうすれば、あなたがたは、とがめられるところのない清い者となり、よこしまな曲がった時代にあって、非のうちどころのない神の子となるでしょう。命の言葉を自分のものにすることによって、世にあって星のように光り輝くでしょう。

「ピリピ人《びと》への書」〈フィリピの信徒への手紙〉は、パウロがローマ〈エフェソあるいはカイサリアとする説もある〉で獄中にあった〈ローマでは一軒家で軟禁状態に置かれていた〉とき、みずからが創設したフィリピ〈東マケドニア〈現ギリシア領〉の都市〉の教会に宛てた手紙〈獄中書簡〉とされる。

今はみなさん〈フィリピの信徒〉と一緒にいられないが、だからこそ、「**恐れおののいて**」〈神の望むところを素直に受けとめて〉、同胞を救うために力を尽くしなさい。神はあなたたちの内に働いて、ご自分がよしとするところをあなたたちに望ませ、実践へとうながしてくれる。だから、何も手段がないなどと、不平を言ったり、理屈をこねずに、イエスの教えを胸に刻んで実践するなら、世を輝かすことになり、それによってあなたたち自身も輝くことになる、とパウロは励ました。

75 主に結ばれた者として、いつも喜びなさい

（パウロはフィリピの信徒に宛てた手紙で告げた）

汝《なんじ》ら常《つね》に主《しゅ》にありて喜《よろこ》べ、我《われ》また言《い》ふ、なんぢら喜《よろこ》べ。

凡《すべ》ての人《ひと》に汝《なんじ》らの寛容《かんよう》を知《し》らしめよ。主《しゅ》は近《ちか》し。

何事《なにごと》をも思《おも》ひ煩《わずら》ふな、ただ事《こと》ごとに祈《いのり》をなし、願《ねがい》をなし、

感謝《かんしゃ》して汝《なんじ》らの求《もとめ》を神《かみ》に告《つ》げよ。

さらば凡《すべ》ての人《ひと》の思《おもい》にすぐる神《かみ》の平安《へいあん》は、

汝《なんじ》らの心《こころ》と思《おもい》とをキリスト・イエスによりて守《まも》らん。

（ピリピ人への書4章4〜7）

主に結ばれた者として、いつも喜びなさい。重ねて言います。喜びなさい。

あなたがたの広い心をすべての人に知らせなさい。主はすぐ近くにおられます。

何事も思いわずらわず、すべてにおいて感謝を込めて祈り、かつ願い、あなたがたが望んでいることを神に打ち明けなさい。

そうすれば、人のすべての考えにまさる神の平安が、あなたがたの心と思いとをキリスト・イエスにあって守ってくださいます。


パウロが書いた「喜びの手紙」の一節。

「使徒言行録」によれば、パウロは軟禁状態とはいえ自費で借りた家にまる二年住み、訪れる者をみな迎え入れ、イエス・キリストについて教えつづけたという。

「喜ぼうと思って喜べるなら苦労はない。喜べない状況にいるから悩んでいるのだ」。たしかに喜びは命令されてではなく、自然にあふれてくるもの。パウロはそれを承知で「喜びなさい」と言っている。

いいことがあったときに喜び、感謝するのは簡単だ。困難なときや悲しいときには、それにとらわれて、身動きがとれなくなる。しかし、悲しいときも人と分かち合うことができれば悲しみは薄まる。うれしいときに人に分け与えれば喜びが増える。パウロは、何事も心配せずに神に感謝を込めて祈り、互いに喜びも悲しみも分かち合いなさいと励ましの手紙を書き送った。

76 愛をまといなさい。愛はすべてを完成させる帯です

（パウロはコロサイの信徒に宛てた手紙で告げた）

この故《ゆえ》に汝《なんじ》らは神《かみ》の選民《せんみん》にして聖《せい》なる者《もの》また愛《あい》せらるる者《もの》なれば、慈悲《じひ》の心《こころ》・仁慈《なさけ》・謙遜《けんそん》・柔和《にゅうわ》・寛容《かんよう》を著《き》よ。また互《たがい》に忍《しの》びあひ、若《も》し人《ひと》に責《せ》むべき事《こと》あらば互《たがい》に恕《ゆる》せ、主《しゅ》の汝《なんじ》らを恕《ゆる》し給《たま》へる如《ごと》く汝《なんじ》らも然《しか》すべし。凡《すべ》て此等《これら》のものの上《うえ》に愛《あい》を加《くわ》へよ、愛《あい》は徳《とく》を全《まっと》うする帯《おび》なり。

（コロサイ人への書3章12〜14）

ですから、あなたがたは神に選ばれ、聖なる者とされ、愛されているのですから、憐れみの心、慈愛、謙遜、柔和、寛容を身にまといなさい。互いに耐え忍び、だれかに不満を抱くことがあっても、互いに心からゆるし合いなさい。主があなたがたを心からゆるしてくださったように、あなたがたもそうしなさい。
これらすべての上に愛をまといなさい。愛はすべてを完成させる帯です。

「コロサイ人《びと》への書」（コロサイの信徒への手紙）は、ローマ（エフェソあるいはカイサリアとする説もあり）で軟禁状態にあったパウロがコロサイ（小アジア中西部の小都市）の教会に宛てて書いたものとされる（パウロの弟子の一人がパウロの意をくんで書いたものではないかとも言われる）。

パウロは、思いやり（憐れみの心）、慈しみ（慈愛）、へりくだり（謙遜）、やさしさ（柔和）、広い心（寛容）という、五種類の着物を身にまといなさい、と説いている。

新しい洋服に着替えると、気分が変わり、振る舞いや行動も変わるが、信仰の着物は、取っ替え引っ替え着るのではなく、重ね着するもの。右頁に出てくる順番に五つの着物を重ね着したうえで、最後に愛を身に着ける。愛はいわば帯（きずな）のようなもの。どんなに立派な着物を幾重にも身につけようとも、帯を締めなければ着崩れしてしまう。

77 働きたくない者は食べてはならない

（パウロはテサロニケの信徒に宛てた手紙で告げた）

また汝《なんじ》らと偕《とも》に在《あ》りしとき、**人《ひと》もし働《はたら》くことを欲《ほっ》せずば食《しょく》すべからずと**命《めい》じたりき。聞《き》く所《ところ》によれば、汝等《なんじら》のうちに妄《みだり》に歩《あゆ》みて何《なに》の業《わざ》をもなさず、徒事《むだごと》にたづさはる者《もの》ありと。我《われ》ら斯《か》くのごとき人《ひと》に、静《しずか》に業《わざ》をなして己《おのれ》のパンを食《しょく》せんことを、我《われ》らの主《しゅ》イエス・キリストに由《よ》りて命《めい》じかつ勧《すす》む。

（テサロニケ人への後《のち》の書3章10〜12）

私たちがあなたがたのところにいたとき、「**働きたくない者は食べてはならない**」と命じたはずです。ところが、あなたがたのなかには、怠惰な生活をし、少しも働かず、余計なことをしている者がいると聞いています。そういう人たちに、主イエス・キリストに結ばれた者として命じ、勧めます。落ちついて黙々と働き、自分で得たパンを食べなさい。

「テサロニケ人《びと》への書」（テサロニケの信徒への手紙）は、パウロがみずから創設したテサロニケの教会宛てにコリントで書いた手紙とされる（テサロニケはギリシアの都市で、当時はローマ帝国マケドニア州の首都）。テサロニケ教会には、もうすぐ再臨《さいりん》のキリストに会えると思い込んで、仕事に身を入れず、生活の労を教会の他の人びとに依存し、祈りと瞑想に没頭している人たちがいた。こうした「**怠惰な生活**」をしている人たちに対して、あなたがたのところにいたとき私たちは怠惰な生活をしなかった。パンをもらって食べることもしなかった。あなたがたに負担をかけまいと日夜働きつづけた。それは、私たちにその権利がないからではなく、あなたがたが見習うように身をもって模範を示したのである、と批判した。「**働きたくない者は食べてはならない**」――この「働く」は、収入を得ることではなく、病人でも老人でも子どもでも、自分ができることをすること。働こうと思えばだれでも働くことができる。キリスト信徒には信徒としての働きがあるのだから、浮つくことなく仕事に邁進《まいしん》しなさい、とパウロは説いた。

78　食べるものと着るものがあれば、それで満足すべきです

（パウロは弟子のテモテに宛てた手紙で告げた）

されど足《た》ることを知《し》りて敬虔《けいけん》を守《まも》る者《もの》は、大《おおい》なる利益《りえき》を得《う》るなり。我《われ》らは何《なに》をも携《たずさ》へて世《よ》に来《きた》らず、また何《なに》をも携《たずさ》へて世《よ》を去《さ》ること能《あた》はざればなり。

ただ衣食《いしょく》あらば足《た》れりとせん。

されど富《と》まんと欲《ほっ》する者《もの》は、誘惑《まどわし》と羂《わな》、また人《ひと》を滅亡《ほろび》と沈淪《ちんりん》とに溺《おぼ》らす愚《おろか》にして害《がい》ある各様《さまざま》の慾《よく》に陥《おちい》るなり。

（テモテへの前の書6章6～9）

確かに、満ち足りることを知る心を伴う敬虔は、大きな利益をもたらします。私たちは、何も持たないでこの世に生まれ、世を去るときには何も持っていくことはできないからです。**食べるものと着るものがあれば、それで満足すべきです。**金持ちになろうと望む者は、誘惑の罠、愚かで有害なさまざまな欲望に陥ります。その欲望が人を滅びと破滅に陥れます。

「テモテへの書」（テモテへの手紙）は、パウロがエフェソにいる弟子のテモテにマケドニアから書き送った手紙（直筆ではないとされる）。その目的は、テモテに務めを果たすように勧め、励ますことにあった。

パウロは別の手紙でこの世の住まいと神の国の住まいについて、こう言っている。「**私たちの仮の住まいとしている地上の住み家が滅びても、神が用意してくださった建物が備えられていることを私たちは知っています。人の手で造られたものではない、天にある永遠の住まいです**」

「心の住まい」「魂の住まい」をどこに定めるかが第一で、「**満ち足りることを知る心を伴う敬虔こそ**」、大きな恵みにあずかる道だという。

「衣食足りて礼節を知る」という言葉があるが、パウロが言おうとしたのは、「礼節を知れば（心の住まいが定まれば）、何を着よう、何を食べよう、富を蓄えようとあくせくすることはない」だった。

79　あなた自身がよいおこないの模範となりなさい

（パウロは弟子のテトスに宛てた手紙で告げた）

若《わか》き人《ひと》にも同《おな》じく謹慎《つつしみ》を勧《すす》め、

なんぢ自《みずか》ら凡《すべ》ての事《こと》につきて善《よ》き業《わざ》の模範《もはん》を示《しめ》せ。

教《おしえ》をなすには邪曲《よこしま》なきことと謹厳《きんげん》と、

責《せ》むべき所《ところ》なき健全《けんぜん》なる言《ことば》とを以《もっ》てすべし。

これ逆《さから》ふ者《もの》をして我《われ》らの悪《あく》を言《い》ふに由《よし》なく、

自《みずか》ら恥《は》づる所《ところ》あらしめん為《ため》なり。

（テトスへの書2章6〜8）

同じように、若い男性にも、すべてにおいて思慮深くふるまうように勧めなさい。**すべての点であなた自身がよいおこないの模範となりなさい**。教えるときには、誠実で謹厳を保ち、非難の余地のない健全な言葉を語りなさい。そうすれば、敵対する者は、私たちに一言も悪口《あっこう》を言うことができず、恥じ入るでしょう。

「テトスへの書」（テトスへの手紙）は、パウロがギリシアのクレタ島で困難な伝道をしている愛弟子のテトスに宛てて書いた手紙（直筆ではないとされる）。

当時、ユダヤ教をはじめキリスト教とは異なる世界に生きる人たちがキリスト教に接するのは、イエスの教えに生きる人たちを身近で見ることによってだった。伝道は言葉によってイエスの教えを説くだけでなく、信仰に生きる姿を外に向かって示すことでなされた。そのため、自分たちのおこないが人びとの救いにつながるように、キリスト者は模範を示すことが求められた。

パウロも若い伝道者テトスに、よい模範になるようにと勧めている。キリスト教を忌避《きひ》する人たちから反論されたりけなされたりしないように言動を慎み、これから信仰を受け継ぐ若い人たちに誠実に歩むことを勧めなさい、と説いた。テトスは輝くばかりの喜びに生き、その喜びにあふれる姿は、周囲の人に励ましと希望と勇気を与えた。

80　私を迎えるように、彼を迎え入れてください

（パウロは弟子のフィレモンに宛てた手紙で告げた）

彼《かれ》が暫時《しばらく》なんぢを離《はな》れしは、或《あるい》は汝《なんじ》かれを永遠《とこしえ》に保《たも》ち、もはや奴隷《どれい》の如《ごと》くせず、奴隷《どれい》に勝《まさ》りて愛《あい》する兄弟《きょうだい》の如《ごと》くせん為《ため》なりしやも知《し》るべからず。

我《われ》は殊《こと》に彼《かれ》を愛《あい》す、まして汝《なんじ》は肉《にく》によりても主《しゅ》によりても、之《これ》を愛《あい》せざる可《べ》けんや。汝《なんじ》もし我《われ》を友《とも》とせば、請《こ》ふ、**われを納《い》るるごとく彼《かれ》を納《い》れよ。**彼《かれ》もし汝《なんじ》に不義《ふぎ》をなし、または汝《なんじ》に負債《おいめ》あらば、之《これ》を我《われ》に負《お》はせよ。

（ピレモンへの書15～18）

オネシモがしばらくのあいだあなたから引き離されていたのは、あなたが彼をいつまでも自分のもとに置くために必要なことだったのでしょう。しかしそれは、彼はもはや奴隷としてではなく、奴隷以上のもの、すなわち愛する兄弟としてです。オネシモは、私にとってとりわけそうですが、あなたにとってはなおさらのこと、一人の人間としても、主を信じる者としても、愛する兄弟であるはずです。もしあなたが私を信仰の友と思っているなら、**オネシモを私と思って迎え入れてください**。もしオネシモがあなたに対して損害を与えたり、負債を負っているのでしたら、それは私の借りにしておいてください。

「ピレモンへの書」（フィレモンへの手紙）はパウロが愛弟子のフィレモンに宛てた手紙。パウロに感化されてキリスト者となったフィレモンに奴隷のオネシモという青年がいた。主人フィレモンとのあいだに何かあったらしく、オネシモはパウロを頼ってローマ（エフェソとする説もある）にやってきた。軟禁状態におかれていたパウロは、彼に身のまわりの世話をさせながら、キリスト者に回心させる。

パウロは「**とらわれの身で生んだ私の子**」（軟禁中のパウロがキリスト者に生まれ変わらせた）と呼んでオネシモを心から愛し、オネシモもパウロを敬愛する。そのオネシモをフィレモンのもとに送り返すにあたって、「オネシモはもはや奴隷ではなく、あなたの信仰の友であり兄弟となったのだから、私を迎えるように迎えてやってほしい」と懇切《こんせつ》する手紙を書いた。

81　萎えた手と弱くなった膝とをまっすぐにしなさい

（パウロはユダヤ人キリスト教徒に宛てた手紙で告げた）

凡《すべ》ての懲戒《こらしめ》、今《いま》は喜《よろこ》ばしと見《み》えず、反《かえ》って悲《かな》しと見《み》ゆ、されど後《のち》これに由《よ》りて練習《れんしゅう》する者《もの》に、義《ぎ》の平安《へいあん》なる果《み》を結《むす》ばしむ。されば**衰《おとろ》へたる手《て》、弱《よわ》りたる膝《ひざ》を強《つよ》くし**、足蹇《あしな》へたる者《もの》の履《あゆ》み外《はず》すことなく、反《かえ》って医《いや》されんために汝《なんじ》らの足《あし》に直《すぐ》なる途《みち》を備《そな》へよ。力《つと》めて凡《すべ》ての人《ひと》と和《やわら》ぎ、自《みずか》ら潔《きよ》からんことを求《もと》めよ。もし潔《きよ》からずば、主《しゅ》を見《み》ること能《あた》はず。

（ヘブル人への書12章11～14）

およそ鍛錬というものは、そのときは喜ばしいものではなく、むしろ悲しいものに思われますが、後になると、それによって鍛えあげられた人びとに、平安に満ちた実を結ばせるのです。ですから、**萎《な》えた手と弱くなった膝とをまっすぐにしなさい。**また、足の不自由な人が踏みはずすことなく、むしろ癒やされるように、自分の足でまっすぐな道を歩みなさい。すべての人との平安を追い求め、聖なる生活を追い求めなさい。聖なる生活なくして、だれも主を見ることはできません。

「ヘブル人《びと》への書」（ヘブライ人への手紙）はパウロがヘブライ人（ユダヤ人キリスト教徒）に宛てた手紙とされるが、現在は著者不詳とされる。キリスト教に改宗したユダヤ人は、ユダヤ教徒からも、キリスト教を認めないローマ帝国からも迫害される立場にあった。気力を失い疲れはてた窮状《きゅうじょう》に、パウロは「**あなたがたは、これを鍛錬として忍耐しなさい。神はあなたがたを子として取り扱っておられます。いったい、父から鍛えられない子があるでしょうか**」——父親がわが子を愛すればこそ鍛錬するように、あなたがたは神に見棄てられたのではなく、愛されているのだ。あなたがたが遭遇している困難や試練は、神の祝福から遠ざかっているのではなく、祝福に向かってまっしぐらに進んでいる印だと励ました。

　相撲界に「三年先の稽古」という言葉がある。体づくりや相撲の型や技は一朝一夕《いっちょういっせき》には完成しない。二年先、三年先の自分の姿や目標を定め、そこに到達するためにいま何をすべきか、そのための努力をいかに継続するか、それによってやがて「実を結ぶ」。

82 聞くのに早く、話すのに遅く、怒るのに遅くしなさい

（「イエスの兄弟」ヤコブが書いたとされる手紙は告げる）

わが愛《あい》する兄弟《きょうだい》よ、汝《なんじ》らは之《これ》を知《し》る。されば、おのおの**聴《き》くことを速《すみや》かにし、語《かた》ることを遅《おそ》くし、怒《いか》ることを遅《おそ》くせよ。**人《ひと》の怒《いかり》は神《かみ》の義《ぎ》を行《おこな》はざればなり。されば凡《すべ》ての穢《けがれ》と溢《あふ》るる悪《あく》とを捨《す》て、柔和《にゅうわ》をもて其《そ》の植《う》ゑ（え）られたる所《ところ》の霊魂《たましい》を救《すく》ひ得《う》る言《ことば》を受《う》けよ。ただ御言《みことば》を聞《き》くのみにして、己《おのれ》を欺《あざむ》く者《もの》とならず、之《これ》を行《おこな》ふ者《もの》となれ。それ御言《みことば》を聞《き》くのみにして之《これ》を行《おこな》はぬ者《もの》は、鏡《かがみ》にて己《おの》が生来《うまれつき》の顔《かお》を見《み》る人《ひと》に似《に》たり。己《おのれ》をうつし見《み》て立《た》ち去《さ》れば、直《ただ》ちにその如何《いか》なる姿《すがた》なりしかを忘《わす》る。

（ヤコブの書1章19〜24）

愛する兄弟たち、よくわきまえなさい。だれでも、**聞くのに早く、話すのに遅く、怒るのに遅くしなさい**。人の怒りは神の義を実現するものではありません。ですから、あらゆる穢れやあふれる悪を捨て、心に植えつけられた御言葉を素直に受け入れなさい。御言葉はあなたがたの魂を救うことができます。また、御言葉を実行する人になりなさい。自分を欺き、御言葉を聞くだけの者となってはいけません。御言葉を聞くだけで実行しない者は、自分の生まれつきの顔を鏡に映して眺める人に似ている。鏡の前を立ち去ると、どんな顔であったかをすぐ忘れてしまう。

「ヤコブの書」（ヤコブの手紙）は、「主イエスの兄弟」と呼ばれるヤコブ（イエスにはヤコブをはじめ四人の兄弟がいたとされる。ペテロと並ぶエルサレム教会の中心人物）の名を借りて、無名の著者が「ディアスポラ」（離散の地）のユダヤ人キリスト教徒に宛てた手紙。

古代ギリシアの政治家デモステネスは「話すことの二倍、人から聞くべきである。なんとなれば、神は口を一つ、耳を二つ与えたのだから」と言った。ところが、「口下手」は恥じても、「聞き下手」をみっともなく思う人は少ない。人間は人の言葉に耳を傾けるよりも早く、自分の思いを語りたがる。すぐに怒る人は、自分の考えが正しく、他の人の考えが間違っていると決めつけたがる。

それでは神の教えを受け入れることはできない。じっくりと神の言葉に耳を傾け、心に植えつけたうえで語るようにしなさい。そして、人は鏡で身だしなみを整えても、鏡の前を立ち去ると自分の顔を忘れてしまう。それは神の教えを聞いただけで満足して実践しないのと同じことだ、と説いた。

83 私たちは同じ口から賛美と呪いが出てくるのです

（「イエスの兄弟」ヤコブが書いたとされる手紙は告げる）

舌《した》は火《ひ》なり、不義《ふぎ》の世界《せかい》なり、舌《した》は我《われ》らの肢体《したい》の中《うち》にて、全身《ぜんしん》を汚《けが》し、また地獄《じごく》より燃《も》え出《い》でて一生《いっしょう》の車輪《しゃりん》を燃《もや》すものなり。獣《けもの》・鳥《とり》・匍《は》ふもの・海《うみ》にあるもの等《など》、さまざまの種類《しゅるい》みな制《せい》せらる、既《すで》に人《ひと》に制《せい》せられたり。されど誰《たれ》も舌《した》を制《せい》すること能《あた》はず、舌《した》は動《うご》きて止《や》まぬ悪《あく》にして死《し》の毒《どく》の満《み》つるものなり。われら之《これ》をもて主《しゅ》たる父《ちち》を讃《ほ》め、また之《これ》をもて神《かみ》に象《かたど》りて造《つく》られたる人《ひと》を詛《のろ》ふ。**讃美《さんび》と呪詛《のろい》と同《おな》じ口《くち》より出《い》づ。**

（ヤコブの書3章6〜10）

舌は火です。舌は不義の世界の象徴です。舌は私たちの器官の一つですが、全身を汚し、移り変わる人生を燃やし、みずからも地獄の火によって燃えたたされます。あらゆる種類の獣や鳥も、陸を這うものも海の生き物も、人類によって支配されていますし、これまでも支配されてきました。しかし、舌を制御することは、だれにもできません。舌は疲れを知らない悪であり、死をもたらす毒に満ちています。私たちは、舌をもって、父である主をほめたたえ、同じ舌をもって、神にかたどって造られた人間を呪います。**同じ口から賛美と呪いが出てくるのです。**

「ヤコブの書」の著者は、**「言葉で過ちを犯さない人がいるなら、その人は全身を制御することのできる完全な人です」「舌は小さい器官ですが、大きいことを言って誇ります。火をご覧なさい。どんなに小さい火でも大きな森を燃やしてしまいます」**と言っている。馬を御《ぎょ》するために口にくつわをはめれば意のままに操ることができるが、人の舌を制御することはままならない。人を励ますかと思えば傷つけ、人を幸せにするかと思えば不幸にするのも、みな舌の働き。まさに「口は禍の元」。「この舌で父なる神をほめたたえ、その同じ舌で、神にかたどって造られた人間を呪う。同じ口から賛美と呪いが出てくるのだ。私の兄弟たち、このようなことがあってはならない」と「ヤコブの書」の著者は説いた。

84 与えられないのは、間違った動機で願い求めるからです

（「イエスの兄弟」ヤコブが書いたとされる手紙は告げる）

汝等《なんじら》のうちの戦争《いくさ》は何処《いずこ》よりか、分争《あらそい》は何処《いずこ》よりか、汝《なんじ》らの肢体《したい》のうちに戦《たたか》ふ慾《よく》より来《きた》るにあらずや。汝《なんじ》ら貪《むさぼ》れども得《え》ず、殺《ころ》すことをなし、妬《ねた》むことを為《す》れども得《う》ること能《あた》はず、汝《なんじ》らは争《あらそ》ひまた戦《いくさ》す。汝《なんじ》らの得《え》ざるは求《もと》めざるに因《よ》りてなり。汝《なんじ》ら求《もと》めてなほ受《う》けざるは慾《よく》のために費《ついや》さんとて妄《みだり》に求《もと》むるが故《ゆえ》なり。

（ヤコブの書4章1〜3）

何が原因で、あなたがたのあいだに戦いや争いが起こるのでしょうか。ほかでもない、あなたがたの体の中で争い合う欲望からではありませんか。あなたがたは、欲しがっても自分のものにならないと、人を殺すことがあります。熱望しても手に入れることができないと、争ったり戦ったりすることもあります。あなたがたのものにならないのは、あなたがたが願い求めないからです。

願い求めても与えられないのは、自分の欲望を満足させるために使おうとして、間違った動機で願い求めるからです。

利己心や虚栄心、劣等感はだれにでもある。だから人間が集まれば、家庭でのちょっとしたいざこざから戦争に至るまで、争いのないほうが不思議だ。「ヤコブの書」の著者は、自分の欲しいものを得ようとしたり、欲望を満足させるために神に願い求めてはならない、と言う。

神に願い求めたけれど、何も与えられないと言う人がいるが、どんなに熱望しても、どんなに強く願っても、自分の欲望の充足や自分勝手な満足のためであるなら、それは「間違った動機」で求めているから神は応えてくれない、と「ヤコブの書」の著者は説いた。

自分の思いを後生大事に握りしめて生きることは、ほんとうの意味で人を豊かにしない。

85　心の中の隠れた人柄を飾りにしなさい

（使徒ペテロは離散したユダヤ人に宛てた手紙で告げた）

汝《なんじ》らは髪《かみ》を辮《あ》み、金《きん》をかけ、衣服《ころも》を装《よそお》ふごとき表面《うわべ》のものを飾《かざり》とせず、**心《こころ》のうちの隠《かく》れたる人《ひと》、すなはち柔和《にゅうわ》、恬静《しずやか》なる霊《れい》の朽《く》ちぬ物《もの》を飾《かざり》とすべし、**是《これ》こそは神《かみ》の前《まえ》にて価貴《あたいとうと》きものなれ。むかし神《かみ》に望《のぞみ》を置《お》きたる潔《きよ》き女《おんな》たちも、かくの如《ごと》くその夫《おっと》に服《したが》ひて己《おのれ》を飾《かざ》りたり。即《すなわ》ちサラがアブラハムを主《しゅ》と呼《よ》びて之《これ》に服《したが》ひし如《ごと》し。汝《なんじ》らも善《ぜん》を行《おこな》ひて何事《なにごと》にも戦《おのの》き懼《おそ》れずばサラの子《こ》たるなり。

（ペテロの前の書3章3〜6）

あなたがたの装いは、髪を編んだり、金の飾りをつけたり、服を着飾ったりする外面的なものであってはならない。むしろ、**柔和でしとやかな気立てという朽ちないもので装われた、心の中の隠れた人柄を飾りにしなさい**。このような装いこそ、神の御前に価値がある。その昔、神に望みをおいた敬虔な婦人たちもこのように装って夫に従った。たとえばサラは、アブラハムを主人と呼んで彼に仕えた。あなたがたも、何ひとつ恐れることなく善いことをおこなうなら、サラの娘となるのです。

「ペテロの前の書」（ペトロの手紙二）は、ガリラヤ湖で漁師をしていてイエスの使徒になったペテロが、小アジアに離散したユダヤ人キリスト教徒に宛てた手紙とされる（内容的にはユダヤ人以外の異邦人に宛てたものとする見解もあり、また別人がペテロの名のもとに書いたとする説もある）。

身を飾ること以上に、心の中の隠れた人柄を飾りなさい。夫が神の言葉を信じていなくても、言葉で教えたり諭すのではなく、内面を美しく飾った妻であれば、自然と夫を導くことができる。それは旧約聖書にある、イスラエル民族の礎《もとい》となったアブラハムの妻サラ（前半生ではサライと呼ばれた）になぞらえることができる、とペテロは言う。イエスは山上の説教で「**柔和な人は幸福《さいわい》である**」と説いた。

この段のつづきでは、夫たる者に対して、「あなたがたも、**妻が自分よりも弱いものだということをわきまえて生活を共にし、命の恵みを共に受け継ぐ者として尊敬しなさい。そうすれば、あなたがたの祈りが妨げられることはありません**」と説いている。

86　真理に歩んでいると聞くことほど、大きな喜びはない

（ヨハネは長老ガイオに宛てた手紙で告げた）

長老《ちょうろう》、書《ふみ》を愛《あい》するガイオ、わが真《まこと》をもて愛《あい》する者《もの》に贈《おく》る。

愛《あい》する者《もの》よ、我《われ》なんぢが霊魂《たましい》の栄《さか》ゆるごとく汝《なんじ》すべての事《こと》に栄《さか》え、かつ健《すこや》かならんことを祈《いの》る。

兄弟《きょうだい》たち来《きた》りて汝《なんじ》が真理《まこと》を保《たも》つこと、即《すなわ》ち真理《まこと》に循《したが》ひて歩《あゆ》むことを証《あかし》したれば、われ甚《はなは》だ喜《よろこ》べり。

我《われ》には我《わ》が子供《こども》の、真理《まこと》に循《したが》ひて歩《あゆ》むことを聞《き》くより大《おお》いなる喜悦《よろこび》はなし。

（ヨハネの第三の書1〜4）

長老の私から、親愛なるガイオへ。私はあなたをほんとうに愛しています。愛する者よ、あなたの魂が恵まれているように、あなたがすべての面で恵まれ、すこやかであるようにと祈ります。

兄弟たちが来て、あなたが真理に歩んでいることを告げ知らせてくれるので、私は非常に喜んでいます。実際、あなたは真理に歩んでいるのです。**私の子どもたちが真理に歩んでいると聞くことほど、私にとって大きな喜びはありません。**

「ヨハネの書」（ヨハネの手紙）は使徒ヨハネの名を付した三通の手紙から成る（成立年代が「ヨハネの福音書」より後であるためヨハネの直筆ではないとする説もある）。

手紙といえば、C・S・ルイスは若い人の信仰の成長に心を砕いていた。ある男の子からの手紙に、あなたの文章には表現力があると褒《ほ》め、『ナルニア国物語』のライオンがイエス・キリストを象徴していることに気づいてくれたのはうれしいことだと返信している。その直後にルイスは亡くなった。

右頁の手紙の言葉からも、ヨハネの喜んでいる様子が生き生きと伝わってくる。この手紙を受け取ったガイオという人物は不詳だが、どこかの教会を指導していた長老だったと推測されている。「**私の子どもたちが真理に歩んでいる**（神の言葉に従っている）**と聞くことほど、私にとって大きな喜びはありません**」とヨハネに言わしめたガイオは、ヨハネから派遣された巡回伝道者（宣教者）たちを受け入れ、手厚くもてなし、熱い愛と祈りをもって次の地での働きに送りだしたという。

87 畏れの心をもって憐れみ、汚れた下着を忌み嫌いなさい

（「イエスの兄弟」ユダは手紙で告げた）

されど愛《あい》する者《もの》よ、なんぢらは己《おの》がいと潔《きよ》き信仰《しんこう》の上《うえ》に徳《とく》を建《た》て、聖霊《せいれい》によりて祈《いの》り、神《かみ》の愛《あい》のうちに己《おのれ》をまもり、永遠《とこしえ》の生命《いのち》を得《う》るまで我《われ》らの主《しゅ》イエス・キリストの憐憫《あわれみ》を待《ま》て。

また彼《かれ》らの中《うち》なる疑《うたが》ふ者《もの》をあはれみ、或者《あるもの》を火《ひ》より取出《とりいだ》して救《すく》ひ、

或者《あるもの》をその肉《にく》に汚《けが》れたる下衣《したぎ》をも厭《いと》ひ、かつ懼《おそ》れつつ憐《あわれ》め。

（ユダの書20〜23）

愛する人たち、あなたがたはもっとも聖なる信仰をよりどころとして生活し、聖霊の導きのもとに祈りなさい。みずからを神の愛のうちに保って、永遠の命へと導く、私たちの主イエス・キリストの憐れみを待ち望みなさい。
疑いを抱いている人たちを憐れみなさい。また、火の中にいる人たちを引き出して助けなさい。また、**ほかの人たちを、畏れの心をもって憐れみなさい。しかし、肉によって汚れてしまった彼らの下着さえも忌み嫌いなさい。**

「ユダの書」（ユダの手紙）の著者は、十二使徒のユダ（裏切りのユダ）ではなく、みずからを「ヤコブの兄弟なるユダ」と称していることからイエスの弟ユダとされるが、実際には一人のユダヤ人キリスト者によって書かれた手紙というのが有力になっている。

「ユダの書」の著者は、愛する兄弟たち（同胞）にさまざまな勧告をする。神の言葉（真理）に疑いを抱いた人びとを憎み、排斥《はいせき》してしまうのではなく、疑いの火中にある人にも憐れみをもって接し、救いだしなさいと説いた。「**畏れの心をもって憐れみなさい**」は、これらの人びとに接するときに、悪い影響をうけないように、自分も火の中に入ることがないように、よくよく気をつけなさいということ。「**肉によって汚れてしまった彼らの下着さえも忌み嫌いなさい**」は、「火の中から救ってあげなさい、ただし彼らの疑いの心は避けながら」というニュアンス。

88 私はアルファであり、オメガである

（「ヨハネの黙示録《もくしろく》」は告げる）

視《み》よ、われ報《むくい》をもて速《すみや》かに到《いた》らん、
各人《おのおの》の行為《おこない》に随《したが》ひて之《これ》を与《あた》ふべし。
我《われ》はアルパなり、オメガなり、
最先《いやさき》なり、最後《いやはて》なり、始《はじめ》なり、終《おわり》なり

（ヨハネの黙示録22章12〜13）

見よ、私はすぐに来る、
そのとき私は報いを携えてきて、それぞれのおこないに応じて報いる。
私はアルファであり、オメガである、
最初の者にして、最後の者、初めであり、終わりである。

「ヨハネの黙示録」は『新約聖書』の最後に置かれた書。著者のヨハネがだれであるかは特定されていない。「黙示」とは、ギリシア語の「覆いを取る」から転じて「隠されていたものが明らかにされる（啓示）」という意味。教会に対するローマ帝国の迫害が激しさを加えつつあったときに、苦難にさらされている信徒に慰めと望みを与えるため、イエス・キリストから受けた啓示としてキリストの再臨が近いことが語られる。この黙示録の中で三回くり返される「**私はアルファであり、オメガである**」は、神あるいはキリストの自己宣言。アルファはギリシア語アルファベットの最初の字母《じぼ》、オメガは最後の字母。「初め」は時間の始めというだけでなく、「起源」「根源」という意味を含み、「終わり」は時間の終わりというだけでなく、「完成」「永遠」という意味を含んでいる。だから「私は創造の始めから終末の終わりまで存在し、支配する」の意になる。

「**しかり、私はすぐに来る**」（次項）とイエスは言ったが、再臨の時はいつ来るのか。ペテロは「**ある人たちは、遅いと考えているようですが、主は約束の実現を遅らせているのではありません。そうではなく、一人も滅びないでみなが悔い改めるようにと、あなたがたのために忍耐しておられるのです**」と説いた。

89　主イエスよ、来てください

（「ヨハネの黙示録」は告げる）

『然《しか》り、われ速《すみや》かに到《いた》らん』
アァメン、主《しゅ》イエスよ、来《きた》りたまへ。
願《ねが》はくは主《しゅ》イエスの恩恵《めぐみ》
なんぢら凡《すべ》ての者《もの》と偕《とも》に在《あ》らんことを。
（ヨハネの黙示録22章20〜21）

アルブレヒト・デューラー「祈りの手」

「しかり、私はすぐに来る」。アーメン、主イエスよ、来てください。主イエスの恵みがすべての者と共にあるように。

前項でもふれたように「黙示録」が書かれた当時（紀元九〇〜九五年ごろ）、キリスト者は迫害のさなかにあり、投獄されたり処刑される者が相次いでいた。一方では教会が腐敗していた。そうした動揺のなかで、キリストの再臨が切望された。こうした状況を背景に「黙示録」の著者は、ローマ帝国の崩壊↓キリストの「千年王国」（終末にキリストが再臨して一千年間支配するという王国）↓「新しいエルサレムの実現」（イスラエルの首都エルサレムではなく、この地があまねく神の力が働く国になるという意味）を待望し、キリストが再び来るときまで道を誤らぬように、変わることなく熱い信仰生活を送るようにと励ました。

右頁の言葉は「黙示録」の最後の言葉、すなわち新約聖書の掉尾《とうび》を飾る言葉。「アーメン」とは、「まことに、ほんとうに、確かに」を意味するヘブライ語に由来する。祈りの最後に「アーメン」と唱えるのは、「ほんとうにそのとおりです」という心からの同意を表す。

右頁の「祈りの手」と題された絵はルネサンス期のドイツの画家アルブレヒト・デューラーが描いたもの。この絵にはさまざまな逸話がある。デューラーが若く、貧しい画家だったころ、親友で同じく画業を志すハンスが彼の生活の糧のために炭鉱で働いてくれた。四年がたって、自分が描いた絵が売れるようになり、今度はデューラーが稼いだ金でハンスが絵を勉強する番だった。しかし、ハンスの指は厳しい労働で曲がってしまい、絵筆が握れなくなっていた。自責の念にかられていたデューラーがしばらくしてハンスを訪ねると、「神様、私が果たせなかった夢までも、彼がかなえてくれますように」と、曲がってしまった手を合わせて祈っていた。自分のことを恨んでいるにちがいないと思っていたデューラーは「きみの手の祈りで、今、ぼくは生かされている」と、祈りつづけてくれた友の手を描いた。

新約は旧約の中に隠され、旧約は新約によって明らかにされる

聖書は『旧約聖書』と『新約聖書』から成っています。英語で旧約聖書は〈Old Testament〉、新約聖書は〈New Testament〉。Testament は「（神と人との）契約」の意なので、聖書は「神から与えられた契約書」、旧約・新約は「旧《ふる》い訳」「新しい訳」でなく「旧い契約」「新しい契約」を意味します。『旧約聖書』が「ユダヤ教の聖書」なのに対して、「キリスト教の聖書」はユダヤ教の聖書『旧約聖書』にキリスト教独自の文書である『新約聖書』を加えたものです（『旧約聖書』という呼び方はキリスト教によるもので、ユダヤ教ではそのようには呼ばない）。

「新約は旧約の中に隠され、旧約は新約によって明らかにされる」と言われます（神学者アウグスティヌスの言葉）。このことを説明するためにも、この本は『声に出して読みたい新約聖書』ですが、旧約聖書の成り立ちについて少しふれます。

旧約聖書では、天地を創造したのが神であり、人間を創ったのも神とされています。神が自分の姿形に似せて人間を創ったのだから、人間は自分たちを創った神との正しい関係のなかで生きることを求められている。これを「義《ぎ》」と言います。

義のうちで一番重要とされているのが「律法《りっぽう》」です。律法は私たちがふつうに使う「法律」という意味に考えていいのですが、「ユダヤの法律（ユダヤ法）」とも呼ばれます。神がヘブライ人指導者モーセを通じてユダヤ（イスラエル）の民とのあいだに結んだ律法を忠実に守り、正しくおこなうことで、神との正しい関係が成立し、救いが訪れるとされています。

旧約聖書の主な舞台は、エルサレムがあるパレスチナと呼ばれる狭い地域です。ユダヤ民族の始祖アブラハムが、メソポタミアのウル（現在のイラク南部）から部族を引き連れて「カナンの地」（地中海とヨルダン川・死海に挟まれた地域一帯の古代の地名）に移住したとされる。彼らは「ヘブライ人」（「移住民」の意）と呼ばれて、この地で遊牧生活をつづけていた。その後、ヘブライ人はカナンの地から古代エジプトに集団移住するも、奴隷状態に置かれて大変な苦しみに遭ったため、モーセの主導のもと、数十万人の人たちがエジプトからシナイ半島に脱出を果たし（出《しゅつ》エジプト）、神から与えられた「約束の地」と信じられたカナンにたどり着き、やがて統一王国をつくる。

ところが、統一王国は南北王国に分裂し、北王国（イスラエル王国）はアッシリアの侵攻により滅び、その後、南王国（ユダ王国）もアッシリアを滅ぼしたバビロニア（新バビロニア）に滅ぼされ、南王国の支配者や貴族たちはバビロニアに連行された（バビロン捕囚《ほしゅう》）。その後もペルシア（アケメネス朝）、ギリシア、エジプト（プレトマイオス朝）、シリア（セレウコス朝）の支配下に置かれ、紀元前一世紀半ば以降は古代ローマ帝国の支配下に置かれるという苦難の歴史を歩みます。

旧約聖書の「申命記《しんめいき》」（7章6～7節）につぎのように書かれています。

「あなたは、あなたの神、主の聖なる民である。あなたの神、主は地の面《おもて》にいるすべての民の中から、あなたを選んで御自分の宝の民とされた。主が心引かれてあなたたちを選ばれたのは、あなたたちが他のどの民よりも数が多かったからではない。あなたたちは他のどの民よりも貧弱であった（からである）」

ユダヤの民が他の民族よりすぐれていたからではなく、世界（当時は地中海沿岸を世界と呼んでいた）でもっとも小さな民（難民であり寄留者であり、しいたげられた人たち）であったから、神は彼らを選びとった。神は小さな民と苦労を共にし、神の大いなる手によって守ろうとした。神は底辺に置かれた者に寄り添い、働くと告げて、ユダヤの民を「選ばれた」。ところが不信仰な為政者たち、律法を自分の特権のために解釈する人たちが続出する。

旧約聖書をごく簡単に要約すると、神はユダヤの民を通して人間が一人も滅びないようにと願って救いの手を差し伸べたが、旧い契約としての律法を厳格に要求するだけでは、もはや滅びは免れないと、人びとの堕落を目にして神は沈黙する。ユダヤの民は神の沈黙にうろたえるが、右往左往したところでどうにもならない、神との「新しい契約」を待つしかないことがわかった、となります。

旧約聖書は三十九の文書から成っています（ほかに外典《がいてん》と呼ばれる十四の文書がある）。このうち古いものは紀元前一〇世紀にさかのぼると言われますが、それぞれの文書が書かれた時期には諸説があり、また著者を特定することはできません。そして、ユダヤ教の「聖書」としての編纂は、紀元前五～前四世紀に編纂がはじまり、五百年ほどをかけて一応の完結を見たとされます。

旧約聖書の預言者エレミヤは、亡国の苦難のなかにあって、神は旧い契約に代わる「新しい契約」を結び、罪のゆるしと救いをもたらしてくれると預言する。預言者とは、占いのような「予言」ではなく、神から召命《しょうめい》（神の恵みによって神に呼び出されること）を受けて、神の啓示を告知し、来るべき時代について語る、「預言（神からの言葉を預かって伝える）」をおこなう者のことです。

エレミヤによる「新しい契約」の預言は、新約聖書で、死を覚悟したイエス・キリストが最後の晩餐で「**私の血による新しい契約**」が実現すると語り、イエスが十字架上で犠牲になり、復活したことによって成就《じょうじゅ》（新しい契約が成立）します。

「新約は旧約の中に隠され、旧約は新約によって明らかにされる」という意味がここにあります。新約聖書のメッセージはすでに旧約聖書の中にあるが、旧約聖書は、新約聖書の価値観をもって読み直すと き、こういうメッセージを発信しようとしているのだということが明らかにされる、ということです。

イエスが誕生した時代のユダヤは、イスラエル王国が滅亡してから五百年以上の歳月が流れていて、先ほどふれたように、アッシリア・バビロニア・ペルシア・ギリシア・エジプト・シリア・古代ローマ帝国に次々と支配され、もはやユダヤ民族の独立性は失われていましたが、長い亡国の経験は新しい救世主への期待に結集され、民族のアイデンティティがかろうじて維持されていた。困難な状況を打破する革新的な思想・宗教を受け入れる素地ができあがっていたわけです。

新約聖書の成り立ち

旧約聖書の大半がヘブライ語で書かれているのに対して、新約聖書はギリシア語で書かれています。

新約聖書が編まれたのはローマ帝政時代。ローマ帝国の言語はラテン語ですが、紀元一世紀ごろの地中海世界の多くの地域では、「コイネー（共通）ギリシア語」という、古典ギリシア語を平易化した言語が主として用いられていました。また、各地に離散したユダヤ人のなかにもギリシア語しか理解できない人びともいた。そうしたこともあって、イエスの教えをより広い地域に拡散させるためにギリシア語を選んだものと思われます。後になって旧約聖書とともにラテン語に翻訳されています。

新約聖書の内容は、イエスの生涯とその教え、そして弟子たち（使徒をはじめ、イエスを直接知らない弟子たちも含まれる）の活動と彼らが各地の教会などに送った手紙等から成っています。

旧約の「律法」に対するのが、新約ではイエスの教えである「福音」。「旧約から新約へ」は「律法から福音へ」と言い換えることができます。

「福音」の原語はギリシア語の「エヴァンゲリオン」。「よい知らせ」「嬉しい知らせ」「戦勝の知らせ」という意味で、「マタイによる福音書」は「マタイによる嬉しい知らせ」となり、意訳すれば「マタイが伝える、小さな者を元気づける教え」となります。

イエスは「キリスト教を広めなさい」とは一言も言っていません。「すべての造られたものに福音を告げ知らせなさい」「福音に信頼して歩みを起こしなさい」とだけ言っている。ユダヤ教からキリスト教に改宗せよというようなことは一切言わず、どんな人でも、ただ福音に生きるようにと説いています。キリスト教徒であれユダヤ教徒であれ、あるいは信仰を持たない人であれ、イエスの福音（イエスの教え）はあらゆる人に向けられたメッセージであることは新約聖書を理解するうえで重要なポイントです。

イエスは福音を告げ知らせるに際して、人びとに直接語りかけることを重視しました。イエスが何か文書を書き残したという事実は見つかっていませんし、古代から口承による伝達のほうが権威があったとされています。活動の規模が大きくなっても、イエスはこのスタイルを堅持しました。そして、イエスの死後（紀元三〇年ごろ）も、生前のイエスの言動の証人として、弟子たちはイエスの教えを口頭で告げ知らせていました。

しかし、弟子たちのもとに集まった人びとによって信仰共同体がつくられ、各地に教会が建てられる一方で、時代が進むにつれて、イエスを直接知る世代が少なくなると、イエスの活動や教えを文書にして散逸《さんいつ》を防ぐ要求が高まる。さらに、ローマ帝国によるキリスト教徒迫害が日に日に強まり、多くの使徒や弟子たちが命を落とすという状況のもと、キリスト者の共同体として生き残るために、イエスの生涯と教えを書きとめる必要に迫られた。また各地での伝道活動を支援する必要から文書として成立させる必要に迫られたこと、これらが新約聖書編纂の大きな理由だったとされています。

このような目的によって成立した新約聖書は、多くの記述者によって書かれた文書の集まりです。「マルコによる福音書」が書かれたのが紀元六〇年とされ（諸説あり）、全二十七文書（二三七頁に新約聖書の文書名を掲載）の正典（聖典）としての内容が確定したのが四世紀中ごろとされています。

イエスの生涯と教えを描いた四つの「福音書」。「マタイによる福音書」は税吏出身で使徒の一人であるマタイ、「マルコによる福音書」は使徒ペテロ（ユダヤ地方のアラム語で話していたとされる）のギリシア語通訳を務め、パウロの弟子でもあったマルコ、「ルカによる福音書」はパウロに同行したルカ（医師だったとされる）、「ヨハネによる福音書」は使徒ヨハネの手によるとされていますが、この四つの福音書は、マタイ、マルコ、ルカ、ヨハネの名のもとに、別人が書いたという説もあります。

『論語』は孔子の高弟《こうてい》（有子《ゆうし》や曾子《そうし》）のそのまた弟子たち（孔子からすると孫弟子）がまとめたもの。新約聖書の四つの福音書は福音書に冠せられた名前の人物ではなく別人が書いたという説もあるように、これらの人物がキリストの孫弟子にあたるかどうかはわかりませんが、『論語』の成立と同じような経緯をたどったと言えるかもしれません。

　四つの福音書につづくのが「使徒言行録」。イエスの死後、エルサレムから使徒の活動が始まり、ユダヤからサマリアへと広がり、やがて小アジアをへてローマにいたるという構成になっています。「ルカによる福音書」のルカによって書かれたとされていますが、無名の異邦人キリスト者が書いたものというのが有力になっています。

「ローマの信徒への手紙」から「ヘブライ人への手紙」までの十四の文書はパウロの手によるとされていますが、そのうちのいくつかはパウロの名前を借りて書かれたとされています。

「ヤコブの手紙」から「ユダの手紙」までの七つの文書は、その多くの書簡が、それぞれの名前を借りて別人が書いたとされています。

「ヨハネの黙示録」は使徒ヨハネによるとされていますが、著者は特定できないというのが有力になっています。

　新約聖書の舞台は大きく二つに分けられます。一つは、現在のパレスチナの中央部で、イエスが活動した地域。もう一つは、イエスの使徒・弟子たちが伝道に携わったトルコやギリシアを含むローマ帝国の地中海沿岸地方です。

旧約では選ばれた民であるユダヤ民族を対象にしていたのに対して、新約では人種や民族を問わず、異邦人（ユダヤの人びとは自分たち以外の者を異邦人と呼んだ）にもイエスの教えが伝わっていきます。

イエスの前半生

キリスト教が旧約から受け継いだのが「メシア」（救い主・救世主）待望です。

メシア（ヘブライ語で「マーシアハ」）はもともとユダヤの王や大祭司が任職の儀式の際に香油を注がれたことに由来します。このメシアに対応するギリシア語が「クリストス」（キリスト）で、旧約聖書の預言者たちが預言した救世主を意味します。「キリスト」は神から特別の使命を与えられた「救い主」を意味する、いわば肩書きです。

一方、イエスという名は、ヘブライ語の「イェーシュア」（ヨシュア＝「ヤーヴェ（神）は救い」の意）にあたり、そのギリシア語読みが「イェースース」→「イエズス（イエスス）」→「イエス」になった。イエスという名前はユダヤ人の男子によく見られる名前で、みんなが名前につけたがった。それほど救い主が待ち望まれていた（メシア待望）ということでもあります。

したがって、「イエス・キリスト」は「キリスト（救い主）であるイエス」あるいは「イエスはキリスト（救い主）である」となります。

言うまでもありませんが、イエス・キリストは実在の人物です。聖書以外にも、たとえばローマ人歴史家タキトゥスが『年代記』で、クリストゥス〈キリスト〉について、「そこでネロ〈ローマ帝国の第五代皇帝〉は、この風評〈ネロがローマに放火を命じたこと〉をもみ消そうとして、身代わりの被告をこしらえ、これに大変手の込んだ罰を加える。それは、日頃から忌わしい行為で世人から恨み憎まれ、『クリストゥス信奉者』〈キリスト教信者〉と呼ばれていた者たちである。この一派の呼び名の起因となったクリストゥスなる者は、ティベリウス〈ローマ帝国の第二代皇帝〉の治世下に、元首属吏《ぞくり》ポンティウス・ピラトゥス〈ポンテオ・ピラト〉によって処刑されていた」（国原吉之助訳。〈 〉は引用者による）と書いています。

イエスの生涯は、四つの福音書以外ではあまりふれられていません。その福音書にしても、イエスの死後数十年経って、イエスが使っていたとされるアラム語（ヘブライ語と親戚関係にあり、アラム語が日常語として話されていたのに対して、この時代の古代ヘブライ語は文書などに用いられるだけになっていたとされる）とは異なるギリシア語で書かれています。また、四つの福音書はイエスの教えを伝えることが目的で、厳密な意味でイエスの伝記を記したものではありません。その十分とはいえない史料から推測するイエスの生涯は以下のようになります。

幼子イエスを捕らえようとしたヘロデ王が死んだのが紀元前四年のこととされているので、イエスが生まれたのは紀元前四年かその前とする説が有力で、紀元三〇年ごろに十字架につけられたと推定されています。西暦ではイエス・キリストが生まれた年の翌年を元年（紀元）とすると私たちは理解していますが、イエスの生誕は実際にはそれよりも数年さかのぼるようです。

三十歳ごろまでは家業（大工とされているが、石造りの家に使う石を刻んでいた石工とする説もある）に従事し、救い主としての公《おおやけ》の生涯は、ヨハネから洗礼を受けた紀元二八年から三〇年の三年間とされています。

クリスマス物語で親しまれているようにイエスはエルサレムに近いベツレヘムに生まれ、やがてガリラヤ湖に近い寒村ナザレで育ったとされています。ベツレヘムはダビデ王の故郷であり、「第二のダビデ」である救い主が同じベツレヘムから出るという旧約の預言に呼応しています。イエスはしばしば「ナザレの人」と呼ばれていますが、預言の地ベツレヘムを生誕地にすることで、ダビデの血筋にかかわることを立証しようとしたとも考えられています。

福音書によって、イエス生誕の経緯は異なります。

「マタイによる福音書」では、母マリアとその夫ヨセフはもともとベツレヘムに住んでいて、聖霊によって幼子を授かり、救い主の出現を阻止しようとしたヘロデ王から逃れるためにエジプトに移り、やがてエジプトからもどってナザレにたどり着いたとしています（「マタイによる福音書」の著者はこの出来事を旧約の「出エジプト」のモーセに重ね合わそうとしたとの説もある）。

「ルカによる福音書」では、ヨセフとマリアはナザレの住人で、ローマ総督の命令による住民登録のためにエルサレムに向かう途中、月満ちてベツレヘムで生まれたとしています。

「マルコによる福音書」では、イエス誕生の記述はなく、いきなり成人男性として登場します。

「マタイによる福音書」の冒頭には「**アブラハムの子はイサク、イサクの子はヤコブ…ダビデはウリヤの**

妻によってソロモンをもうけ…マタンの子はヤコブ、ヤコブの子はマリアの夫ヨセフである。キリストと呼ばれるイエスは、このマリアからお生まれになった」と、延々とイエス・キリストに至る系図が並び、このあとにイエス生誕の場面が描かれています。

このイエス・キリストに至る系図には、姦通をした男女、ユダヤ人が排斥した異邦人の女、遊女なども登場します。マリアの出自を示唆しているともいえる記述です。

許嫁《いいなずけ》であるヨセフの子ではないイエスを妊娠したマリアはうろたえ、従姉妹のエリザベツ（あとでふれるように、彼女の子ヨハネがイエスに洗礼を授けた）に心の痛みを打ち明ける。エリザベツは年配になるまで不妊に苦しみ、世間からさげすまれている女性だった。同じように痛みを抱えるエリザベツに打ち明けたことでマリアの心は解放され、「**身分の低い、この主のはしためにも目をとめてくださった……権力のある者をその座から引き下ろし、身分の低い者を高く上げ、飢えた者を良いもので満たし、富める者をむなしくして追い返された**」と神をほめたたえてうたっています（「マリアの讃歌」と題された箇所の一節）。「はしため」という表現は謙虚さから出たものではなく、マリアは実際に身分のいやしい者だったと解釈するのが妥当とする説もあります。

先の系図には「アブラハムの子はイサク」というふうに、父親の名につづけて子どもの名前が書かれています。しかし、イエスだけは「**マリアからお生まれになった**」と記されています。イエスは「マリアの子」、「いやしいはしための子」で、しかも父親がわからないという、さげすまれ、差別される者としてこの世に生まれてきた。

その出自ゆえに、イエスは罪人《つみびと》と見なされた人の痛みがよくわかっていた。イエスの視線は最初から低いところにあって、その低いところから世の中を見たとき、一番に救われなければならないのはどのような人びとなのか、その視線の先には、さげすまれた者、差別された者、貧しい者など弱みを抱える人たちがいた。神は一番小さな者を通して働くというのが聖書の一貫したメッセージです。

「**その胎《はら》に宿る者は聖霊《せいれい》によるなり**」というのは、小さな者、汚れた子としてイエスをこの世に誕生させたのは「神の意志」だったと理解すべきなのでしょう。

さて、イエスは十二歳のときに両親とエルサレムの神殿に詣でます。当時のユダヤ社会では、十三歳になると大人として扱われ、大人になったユダヤ人は一年に数回、エルサレム神殿（ユダヤ教の礼拝の中心地）に参詣しなければならないとされていたので、本番に備えて、両親が一年前に予行演習をさせたのかもしれません。ところが、その帰り道にイエスが突然、行方不明になってしまう。両親が血眼《ちまなこ》になって捜しまわったところ、イエスはエルサレムの神殿で学者たちと論議していた。ほっとする両親に対してイエスは「**神殿は私の父**（神）**の家。私が父の家にいるのに何の不思議があるのです**」と言う。おそらくイエスは幼いころからナザレの会堂で律法学者からさまざまな律法や預言書を学んだり、論議していたのではないかと想像されます。

その後のイエスの青年時代は知ることができません。聖書に再び登場するのは、洗礼者（バプテスマ）のヨハネからヨルダン川で洗礼を受けたとき、三十歳のこと。先ほどふれたように、ヨハネはイエスの母マリアの年上の従姉妹エリザベツの子でした。

バプテスマ（洗礼）というのは、ギリシア語で「沈める」「浸す」という意味。洗礼は「バプテスマのヨハネ」が始めたわけではありません。それ以前の何世紀ものあいだ、身を清める（罪を清める）宗教的儀式として沐浴《もくよく》がユダヤ教では重視されていた。その習慣はイエスの時代のユダヤ教にもあり、パリサイ派の人が「食事の前に手を洗わない」とイエスたちを咎《とが》める場面が聖書に登場します。

ところが、ヨハネは洗礼は一回でよしとしたので、日常的にくりかえされる「清めの儀式」とは意味が異なります。神に従う者として、過去の自分を洗い流し、新たな者として生まれ変わる。ヨハネによる洗礼が「悔い改めの洗礼」と呼ばれるのはこのことによりますが、「新たな人間になるための儀式」ですから、くりかえしおこなうものではないことがわかります。

しかし、「悔い改めよ」と言われても、自分が大きな罪でも犯しているのならピンとくるかもしれませんが、ふつうの人にはわからない。本田哲郎神父によれば、ヨルダン川の水面下に身を沈めることに象徴されるのは、底辺にいる人たち、律法を守ろうにも守れない人たち、そうした人たちの痛みや苦しみを共感し共有できるところに身を置いて、そこから自分が何をおこない、何を改めるかを見直しなさいということだといいます。

そうしたヨハネの洗礼の意義が理解されていたかどうかはわかりませんが、聖書にはユダヤ全土から人びとがヨハネのもとに来て洗礼を受けたと書かれています。

イエスもその一人でした。ヨハネはガリラヤからやってきたイエスを一目見たとたん、「**自分よりすぐれた人物が現れ、聖霊と火で洗礼を授ける**」その人だと見抜いている。ヨハネはその後、ヘロデ王によって捕らえられ、牢で処刑されています。

現在、教会で受洗《じゅせん》する（洗礼を受ける）というときの洗礼は、「イエスが私の命の救い主です。私はキリストを受け入れ、主に従う者となり、生涯の終わりまで主の戒めを守ることを約束します」と心から信じて告白することでキリスト教徒となる。そのために教会がとりおこなう儀式でもあります。

さて、イエスは洗礼を受けたあと荒れ野で四十日間、一人で断食します。このとき悪魔から空腹のイエスに向かって「**神の子なら石をパンに変えるように命じたらどうだ**」と挑発される。イエスは「『**人はパンだけで生きるものではない。神の口から出る一つ一つの言葉によって生きる**』**と書いてある**」と答えた。

このあと、イエスはさらに二つの挑発を受ける。「**神の子なら、ここ**（神殿の屋根）**から飛び降りてみろ。神があなたを愛しているなら、天使たちがあなたを受け止めてくれるはずだ**」。イエスは「『**あなたの神である主を試してはならない**』**とも書いてある**」と退ける。さらに、「**もしひれ伏して私**（悪魔）**を拝むなら、これ**（国々）**をみんなあなたに与えよう**」と挑発された。国も金も地位も何でも欲しいものを私が与えるのだから、神など信じなくてもいいではないか、というのだ。しかしイエスは「**退け。サタン。『あなたの神である主を拝み、ただ主に仕えよ**』**と書いてある**」と悪魔の誘惑をはねのけた。

「書いてある」というのは、これらの言葉が旧約聖書の「申命記」からの引用だからです。モーセがエジプトを脱出してから約束の地カナンに帰還するまでに四十年ほどかかっています。旧約の出来事を理解していたイエスは、この四十年間の苦難を、荒れ野での四十日間で追体験したのかもしれません。

ちなみに、律法を厳格に守る人たちは毎週末の安息日に断食をしていましたが、イエスは荒れ野での断食以降は一回もしていません。断食をはじめ数々の「律法違反」を犯したイエスは「律法を廃止するためではなく、『完成』するために来た。生きることにおいて、律法は必ずしも絶対的な基準・尺度ではない」という意味のことを述べています。

たとえば安息日には、毎週金曜日の日没から土曜日の日没まで、仕事をはじめとする行為が禁じられ、たとえ病人が出ても医者にかかることもできなかった。しかしイエスは安息日に病人を癒やし、イエスと共に麦畑を歩いていた弟子たちは、空腹のあまり麦の穂を摘んで食べてしまった。

羊飼いも律法を守ることのできない人たちでした。旧約聖書のアブラハムやイサクの時代には牧畜が主要な産業でしたが、それから長い年月を経てカナン地方は農業が主流になる。それでも遊牧をつづけていた彼ら羊飼いは賤しい職業とされ、また、「安息日には何キロ以上歩いてはならない」「安息日には荷物を運んではならない」などとする律法を守ろうにも守ることができなかった。

当時、羊飼いをはじめ律法を破らざるをえない人たちは「罪人《つみびと》」と呼ばれていた。また、貧しさゆえに、そして生きるために負わざるをえない「穢《けが》れ」を清めてもらうための金の工面がつかない人、供えものを用意することができない人も大勢いました。

旧約聖書には安息日について、「安息日にはいかなる労働もしてはならない」としか書いてありません。そんなこともあって、パリサイ派（ファリサイ派。律法を日常生活に合わせて解釈し、これを厳格に守ることを信条とした。中産階級の手工業者、商店主、律法学者が多く、ユダヤ教の最大勢力。律法学者はユダヤ人の住む町や村に設置された会堂を拠点に、もめごとや人生相談にもあずかっていた）の指導者たちが、律法の戒めの内容を厳格かつこまかに定めました（これを「言い伝え」と言う）。

イエスの時代になると、この「言い伝え」はさらにこまかくなり、人びとの生活を縛るようになる。律法は神の思い・願いを表したものにもかかわらず、時が経つにつれてことこまかに規則が定められ、形式化し、人に冷たい法律になってしまった。そのために、遊牧民のように律法を守ろうにも守れない境遇にある人たちも大勢いた。六百もの律法があったとされています。これに対してイエスは「**安息日は人のために定められた。人が安息日のためにあるのではない**」と言い切っています。

ちなみに、イエスの時代のユダヤ教の主な宗派は、パリサイ派のほかに、サドカイ派（パリサイ派とならぶ当時のユダヤ教の二大勢力の一つ。エルサレムの貴族や神殿の祭司職で占められ、特権を保持するために律法に固執《こしつ》したとされる。地方の貴族など富裕層から支持されていた）、ヘロデ派（ヘロデ王の一派で、ローマ帝国に協力的だった）、エッセネ派（禁欲生活を旨とし、エルサレム神殿の腐敗を非難していた）、熱心党（ローマの属国とされたユダヤにおいて反ローマ武力闘争を起こした）などがあります。

救い主としての後半生

荒れ野からもどったイエスは活動を開始します。初めの数か月はガリラヤ地方を巡回しています。その後の一年半ほどのあいだは、その名が急速に知られるようになり、評判を聞きつけた大勢の者たちがイエスのもとにやってきた。イエスはこうして出会った者たちのなかから十二人を選んで弟子にしています。

十二人のうちペテロをはじめ七人は漁師でした。ユダヤ教では「海の民」は罪多き民とみなされていました。生き物の血は神のみに属するもので、律法の定めによって血抜きした魚や肉しか食べない厳格なユダヤ教徒のために魚をさばいていた漁師は、そのことで罪人とされた。またマタイは「ローマ帝国の手先」とあざけられた徴税人。使徒たちはみな、「マリアの子」と言われたイエスと同じように小さな者でした。

こうしてイエスの活動は本格化していきますが、それは受難のはじまりでもありました。

イエスが受難をこうむることになったのは、律法を遵守する以上に生き方を律する基準・尺度が重要であると説いたからです。聖書が、宗教と切り離して読んでも価値があるのは、生き方全体を律する基準・尺度が示されているからではないでしょうか。

本田哲郎神父はこんなふうに書いています。「福音は普遍的なものです。何々教の人に向かって、福音を生きなさいとキリストがいわれたわけではない。すべての人に向かっていわれたのです」（『釜ケ崎と福音』）

しかし、イエスの言動は、ローマ帝国、ガリラヤの領主、地主貴族、律法に固執するサドカイ派、律法に厳格なパリサイ派と対立せざるを得なかった。

そして、舞台は宗教的中心地エルサレムに移ります。軍馬で入城するダビデ王のような勇ましい姿ではなく、子ロバに乗るという姿でイエス一行は進む。イエスに付き従う熱狂的な人びとは自分の上衣やナツメヤシ（棕櫚《しゅろ》）の束を道に敷き、ほめたたえる歌をうたいながら同行する。エルサレムのユダヤの宗教権威者との対決、そしてより多くの民衆に教えを広めるために、いわば総本山であるエルサレムへのデモ行進です。

エルサレムに入城したイエスは、神殿の中庭に入ると、神殿に巡礼する人びとを相手にささげものの動物などを売る商人を強盗にたとえて追い払い、神殿を清めます。「**『私の家は祈りの家と呼ばれるべきである』と聖書**（旧約聖書「イザヤ書」）**に書いてあるではないか。ところがあなたがたはそれを強盗の巣にしている**」。これは彼ら強盗に等しい者たちを容認していた祭司や律法学者への挑戦でもありました。

こうして、エルサレムにしばらくとどまったイエスは、神殿の中で教えを告げ知らせたため、エルサレムの権力者たちの反感は日増しに強まっていきます。

そして、イエスはエルサレム近郊のオリーブ山で運命の日が近づいてきたことを弟子たちに告げる。一方、イエスを危険視した祭司や律法学者たちは、イエスを亡き者にしようとする。十二使徒の一人ユダは、イエスを銀貨三十枚で売る約束をしてしまう。ユダはイエスがローマによる支配を覆す万軍の王であることを望んでいたが、「武力革命」の期待に反してイエスがめざしたのは『心の革命』でした。

このあとイエスは、当時ユダヤを支配していたローマ帝国のユダヤ属州総督ポンテオ・ピラトによって十字架につけられて死に、三日目に復活する。イエスの復活を確信した弟子たちはイエスの教えを広く異邦人にも伝えていくことになり、各地に教会が建てられていきます。ちなみに「教会」と日本語に訳されている言葉は「エクレシア」というギリシア語に由来します。「呼び出された者」という意味で、「**二人または三人が私の名によって集まるところには、私もその中にいるのである**」（マタイによる福音書）

とあるように、教会という建物の中にイエスがいるのではなく、イエスを信じる人たちのあいだにイエスが共にいるということ。教会というのは、イエスを信じる人たちの共同体と言うことができます。

キリスト教がローマ帝国内に広まっていくと、迫害を受け、多くの殉教者を出しています。これにはローマ帝国がもともと多神教国家であったこと、皇帝崇拝にキリスト教徒が従わなかったことなどいくつかの理由が挙げられます。その後、紆余曲折を経て、紀元三一〇年代に公認され、三八〇年ごろにキリスト教がローマ帝国の国教とされるに至ります。

イエスが説いた「愛」

新約聖書にはイエスが「愛」を語る場面がしばしば出てきます。「**あなたがたの敵を愛しなさい**」のように、キリスト教では、「愛」は旧約の時代から中心的な教えでした。日本人が「人に対してよいことなす」「人を思いやる」「人を人として大切にする」という肯定的かつ積極的な意味を「愛」という言葉に見いだすようになる背景には、キリスト教的「愛」の影響がたぶんに見られます。

坂口安吾は『ラムネ氏のこと』という随筆に、日本に来た宣教師が聖書で言う「愛」をどのように日本語に翻訳するかで困惑した様子を書いています。

「切支丹《キリシタン》が渡来のとき、来朝の伴天連《バテレン》〈キリスト教が日本に伝来した当時のカトリックの宣教師〉達は日本語を勉強したり、日本人に外国語を教えたりする必要があった。そのために辞書も作ったし、対訳本も出版した。その時、『愛』という字の翻訳に、彼等はほとほと困却《こんきゃく》した。（中略）愛は直《ただ》ちに不義であり、邪《よこ》しまなもの、むしろ死によって裏打されている。そこで伴天連は困却した。そうして、日本語の愛には西洋の愛撫の意をあて、恋には、邪悪な欲望という説明を与えた。さて、アモール（ラヴ）に相当する日本語として、『御大切』という単語をあみだしたのである。（中略）御大切とは、大切に思う、という意味なのである。余は汝《なんじ》を愛す、という西洋の意味を、余は汝を大切に思う、という日本語で訳したわけだ。神の愛を『デウスの御大切』基督《キリスト》の愛を『キリシトの御大切』という風に言った」（〈 〉は引用者による）

　イエスがしばしば律法を批判したことは先にふれました。律法はもとはといえば神の人間への願い・思いを表したもの。しかし律法を尊重するあまり、そこに込められた神の御心《みこころ》を知ることがなく、形式的に律法を守りつづけることで人を裁くだけのものになってしまった。

　イエスは旧約の預言者イザヤの言葉をひいて、「**あなたたちは自分の言い伝え**（律法の解釈）**を大事にするあまり、よくも神の掟をないがしろにしたものだ**」と批判し、「人を人として大切に思う」という律法に込められた神の思い・願いに立ちかえって、律法にがんじがらめになっていた人びと、なかでも弱い立場の者、しいたげられた者をその呪縛《じゅばく》から解放しようとした。

　形式に流れた律法やそれを固持する人たちを批判するイエスの口調には激しいものがあります。それは「汝の敵を愛せよ」の教えに矛盾するようにも思えますが、彼らに自分たちの誤りを気づかせたかったからだとすれば、彼らを愛した（大切にした）ことになるわけです。

イエスが起こした「奇蹟」

新約聖書にはイエス・キリストが奇蹟を起こす場面があちこちに描かれています。

たとえば、イエスが五つのパンと二匹の魚を取り、天を見上げてそれらを祝福して裂いて弟子に渡し、群衆（男だけで五千人）に配るようにと言った。人びとはみなそれを食べて満腹になった。そして、余ったパン切れを集めると十二かごあったという場面。常識で判断すると合理性を欠く話です。

イエスの話を聞きに集まってくるのは律法が染みついた人びと。手を洗わずにパンを食べたら律法に反してしまう。イエスの話を聞くために遠方から来ていた者たちはおそらく食糧も水筒も持っていた。しかし、それは大事な飲み水であり、それで手を洗うわけにはいかない。ところがイエスは手を洗わずに食べ物を裂いた。それを見た聴衆はそれぞれ持参した食糧を手を洗わずに食べて満たされた。また、聴衆がイエスの演説に聞き惚れて食事の時間を忘れ、空腹を感じなかったのだとする解釈もあります。

これらの解釈が妥当かどうかはさておき、イエスがおこなった奇蹟の合理性をうんぬんするのではなく、それぞれの奇蹟に象徴されていることは何かを読み取る必要があります。この五千人の配食の場面では、形骸化した律法からの解放が象徴されていると同時に、持てるものがどんなに小さくとも貧しくとも、イエスの手によって神の栄光をあらわすものへと変えられることが象徴されており、人に生きる力を与えるのは神の言葉であることを伝えている、と解釈すべきなのでしょう。

また、新約聖書にはイエスによる「病人の癒やし」があちこちに出てきます。医者にかかれず、人びとから見棄てられている病人をいたわり、その痛み・苦しみを共有し、せめて一緒に癒やしを願おうとするイエスは、病人にとっては「奇蹟を起こす人」と映った。そして本当に治癒したことがあった。治癒せずとも、心が安らぎ、「生き返った」と感じることもあったにちがいありません。

イエスの復活と聖霊降臨

聖書を読む人の理解を悩ますのが、イエスが十字架上の死から復活して弟子たちの前に現れ、やがて昇天し、五十日後に聖霊が降るという場面です。クリスチャンで作家の三浦綾子さんは「私も復活を信じられない何年かがあった。洗礼を受けた時も、私は復活を信じたのではなく、十字架による自分の罪のゆるしを信じたのであった。いや、聖書を読むと、使徒たちでさえ、そう簡単にイエスの復活を信じたのではないことがわかる」(『新約聖書入門』)と書いています。

また、二松学舎大学学長を務め、牧師でもあった佐古純一郎さん(二〇一四年五月に逝去)は「葬ったはずのイエスの遺体がなかったことが、信仰告白として、イエスの復活の非常に大切な事柄です。復活信仰は、ことばで説明してもなかなか理解してもらえないむずかしい問題といえます。私も十八年ほど牧師を務めましたが、いちばん苦労したのはイエスの復活信仰について説明をすることでした。これは絶望的といってもいいぐらいむずかしいことで、私はそれを何度も経験しました」(『新約聖書を語る』)と書いています。

イエスが十字架につけられたとき、弟子たちはみなイエスを棄てて逃げた。最初に弟子となったペテロでさえ、イエスとの関係を追及されて、イエスという人など知らないと三度も否認する。そして、イエスの死後は、巻き添えになってユダヤ人たちから襲撃されるのを恐れて自分たちのいるところの戸をみな閉めていた。復活したイエスを目にしても、にわかには信じられないでいる。

これがイエスの直弟子十一人の姿です。あまりに意気地なく、信仰が薄いのに驚きますが、十一人のうち十人はのちに殉教したとされています。この一八〇度の転換は何なのか。イエスが死んだだけでは弟子たちをまるで別人のように強めることはなかった。「何か」が起こったことは確かです。「**信仰とは、望んでいる事柄を確信し、見えない事実を確認することです**」と聖書に書かれています。

復活したイエスの姿は生前とはまるで違っていた。ガリラヤ湖沿いの町マグダラからずっとイエスに従ったマリアが墓にイエスの遺体がないのを確認したとき、イエスが現れる。しかしマリアはイエスを「園の番人」（墓地の管理人）と勘違いする。イエスに付き従ってきたマリアが、生前のイエスと同じ姿なら見間違えるはずはない。当時、遺体を扱うことは賤業とされていました。「マリアの子」と言われてさげすまれたイエスは、復活してからは姿形も、身分も、さらに賤しいところに低められたのです。

旧約聖書で預言されたように、イエスはメシア（救い主）として生まれ、十字架上で最期をとげ、そして復活した。しばらくたってイエスの復活を確信したとき、弟子たちはキリストに付き従うことを決意した。そして、弟子たちをはじめとする人びとが復活を確信したのを見とどけて、イエスは昇天する。それから五十日後、弟子たちとイエスの母マリアやイエスに従った女性たちが集まって祈っているとき、激しい風のような音が聞こえ、天から炎のような舌が一人ひとりの上に分かれて降って、信徒たちは聖霊に満たされた、と聖書に書かれています。これが「聖霊降臨」の場面です。

聖霊とは「主の霊」「神の霊」を表す言葉で、もともとは「風」「息」「空気」を意味します。目には見えないが、弟子たちをはじめイエスの復活を確信した人たちは、新しい「息」を吹きこまれて覚醒し、「神が自分たちの内にいて働いてくださる」という確信を抱いたにちがいありません。

この時点で弟子たちの行くべき方向性が定まったといえます。イエスを救世主と確信することは、すなわちユダヤ教ではなくなる。キリスト教の直接の起源は、イエスの死後、使徒の下に集った共同体と推定されます。最初に書かれた福音書とされる「マルコによる福音書」は紀元六〇年ごろに著されたとされているので、イエスの死後約三十年のあいだに原始キリスト教が成立したことになります。そして教会という形をとっていく。『聖書』が編まれたことによってキリスト教が成立したのではなく、キリスト教が成立したのちに『聖書』が編まれたことになります。

キリスト教では、父なる神を「私たちの上におられる神」、御子《みこ》イエス・キリストを「私たちと共におられる神」、聖霊を「私たちの内におられる神」と呼びます。「**三つ**（父・子・聖霊）**が一つであり、一つが三つである**」、これが「三位一体《さんみいったい》の神」です。

聖書に息を吹きこまれ、聖書に立ち返らせる『罪と罰』

本書の冒頭で「日本人は、距離をおいてイエスの生涯とその教えを『文化』としてとらえることができる。西洋でキリスト教が広まり、音楽、美術、文学、思想、哲学にまで浸透していった理由を源流にさかのぼって知ることは、西洋文化を理解するための基本作業にもなります」と書きましたが、私が愛読しているドストエフスキーの小説『罪と罰』もその一つです。

主人公である殺人者ラスコーリニコフが罪を告白するきっかけになるのが、新約聖書にある「ラザロの死と復活」の奇蹟のエピソードです。

富を有意義に使うことは賢いことであり、ナポレオンのような歴史上の英雄的な人物は殺人をも許されるという思想にとらわれたラスコーリニコフは、貧しい者を救うという理由で醜悪な金貸しの老女を殺害する。ところがその際、老女の妹で善良なクリスチャンのリザヴェータを誤って殺してしまった。

その罪の意識と恐怖に苦悩するラスコーリニコフ。そんなときソーニャという女性に出会う。彼女は一家の苦境を救うために娼婦に身を落としていた。ソーニャの窮地《きゅうち》を救ったラスコーリニコフは彼女に新約聖書（リザヴェータが持っていたものだった）の「ラザロの復活」の箇所を読んでくれと頼む。

――ラザロは葬られて四日がたっていた。「**我は復活《よみがえり》なり、生命《いのち》なり、我を信ずる者は死ぬとも生きん。凡《おおよ》そ生きて我を信ずる者は、永遠《とこしえ》に死なざるべし。汝《なんじ》これを信ずるか**」と言ったイエスは、そののち墓の前に立ち、「**声高く『ラザロよ、出《い》で来《きた》れ』と呼《よば》はり給《たま》へば、死にしもの足と手とを巻かれたるまま出で来る、顔も手拭にて包まれたり。イエス『これを解《と》きて往《ゆ》かしめよ』と言ひ給ふ**」。イエスのしたことを見たユダヤ人の多くは、イエスを信じた（ヨハネによる福音書）――

「死んだラザロ」とは心を失った状態の人間の象徴であり、神の教えを信じるなら迷いや苦しみから解き放たれ、心の平安を得ることができる。この「ラザロの復活」がラスコーリニコフに「精神的復活」

のきっかけを与える。ラスコーリニコフは、ソーニャが娼婦に落ちてなお神を信じ、家族に深い愛を抱きつづけるのはキリスト教の「罪の観念」と「愛」の教えゆえだと知って、ソーニャにすべてを打ち明け、ゆるしを乞う以外に救いはないと悟り、自分が犯人であることを告白した。

ソーニャは「いますぐ外へ行って、十字路に立ち、ひざまずいて、あなたがけがした大地に接吻《せっぷん》しなさい、それから世界中の人々に対して、四方に向かっておじぎをして、大声で《私が殺しました！》というのです」「ね、いっしょに苦しみを受けましょうね、いっしょに十字架をせおいましょうね！」「十字をお切りになって、せめて一度でもいいからお祈りになって」（工藤精一郎訳）とラスコーリニコフを諭す。このあと、ラスコーリニコフは警察に自首した。

小林秀雄が「聖書を読まなければ本当のドストエフスキイは解らない」と言ったように、キリスト教の考え方を抜きにしてドストエフスキー固有のものだけを取り出そうとすると読みが浅くなってしまいます。聖書は『罪と罰』に息を吹きこみ（インスパイア＝思想や命などを吹きこむ）、『罪と罰』を読むことは聖書に立ち返ることになります。

現代の私たちの生き方を問う『カラマーゾフの兄弟』

聖書が文学作品に命を吹きこみ、その作品を読むことで聖書に立ち返るということでは、同じドストエフスキーの『カラマーゾフの兄弟』にある「大審問官」という節もその一つです。

「大審問官」は、二男のイワンが三男のアリョーシャに語って聞かせる彼自身の創作物語です。舞台は十六世紀のスペイン・セヴィリア。アリョーシャは背神的無神論を展開するイワンに対して、お兄さんの考えることもわかるが、それでもゆるす権利を持っているような存在はある。それこそがキリストなのだと反論する。そこでイワンは、異端審問の町に現れたというキリストを物語に登場させる。

姿を変えているにもかかわらずキリストの再来だと見抜いた大審問官が裁きにかけようとしてイエスを問いつめる。悪魔に仕掛けられた三つの試練（二二一頁を参照）を乗り越えたおまえがすごい人間だというのはわかる。だが、神の子なら石をパンに変えるように命じてみせろと悪魔がそそのかしたとき（三六頁を参照）、人はパンだけで生きるものではないと答えたおまえの一言は、人間にとって耐えがたい重荷にしかならなかった。「彼らがわれわれの足もとに自由をさしだして、《いっそ奴隷《どれい》にしてください、でも食べものは与えてください》と言うことだろう」「人間と人間社会にとって、自由ほど堪《た》えがたいものは、いまだかつて何一つなかったからなのだ！」（原卓也訳、以下同じ）と突きつけた。

悪魔が、神殿の屋根から飛び降りてみろ、神の子ならば地面にたたきつけられることはないはずだ、とそそのかしたとき、神を試してはならないとおまえは避けた。それはおまえが人間に「奇蹟による信仰ではなく、自由な信仰を望んだからだ」が、人間は神よりもむしろ奇蹟を求めている。「大切なのは心の自由な決定でもなければ愛でもなく、良心に反してでも盲目的に従わねばならぬ神秘なのだ」と大審問官は突きつけた。

悪魔が、私のもとに来れば、すべての王国と栄華をおまえに与えよう、とそそのかしたとき、サタン（悪魔）よ立ち去れとおまえは答えた。おまえは、自分が地上の王となれば、人間を権威と力で従わせることになり、自由を奪うと考えた。だが「人間の良心を支配し、パンを手中に握る者でなくして、いったいだれが人間を支配できよう」「人々がわれわれのために自由を放棄し、われわれに服従するときこそ、はじめて自由になれるということを、われわれは納得させてやる」と大審問官は突きつけた。イエスは焚刑《ふんけい》にしようと自分を捕らえた大審問官に無言の口づけを与えて、セヴィリアの巷《ちまた》に消えていく。

この「大審問官」は、現代において信仰は可能なのか。自立して生きることは本当に耐えきれるものなのか。私たちはそこまで強いのだろうかというところまで掘り下げて、現代の私たちがどう生きていくのか、生きていくのに必要な強さを私たちはどこから得るのだろうかを聖書を通して問うています。

日本における聖書翻訳の歴史

最後に、日本における聖書翻訳についてふれておきます。日本語訳聖書は、一五四九年にフランシスコ・ザビエルが初めて鹿児島に上陸したときに持参した「マタイ福音書」にはじまると言われますが、記録は残っていません。

現存する最初の日本語聖書としてはオランダの宣教師ギュツラフ訳の「ヨハネ伝」「ヨハネ書簡」があります。一八三六年に翻訳が完成しますが、日本に持ち込まれたのは数十年後のことでした。

本格かつ網羅的な翻訳は一八八〇年（明治十三）のヘボンらの訳による『文語訳　新約聖書』（その後、一九一七年〈大正六〉に改訳）がはじめとされます（この本で準拠したのがこの改訳版文語訳新約聖書）。一八八七年（明治二十年）には『文語訳　旧約聖書』が刊行されています。

これにつづいて一九五四～五五年（昭和二十九～三十）に『口語訳　新約聖書』『口語訳　旧約聖書』があいついで刊行されました。この翻訳は、初めて日本人の聖書学者によってなされています。さらに一九七〇年（昭和四十五）に日本聖書刊行会による『聖書　新改訳』、一九七八年（昭和五十三）にカトリックとプロテスタントの協働（共同）による『新約聖書　共同訳』、一九八七年（昭和六十二）に『聖書　新共同訳』が刊行されています。ほかにも『フランシスコ会訳聖書』『岩波訳聖書』（岩波文庫訳聖書、岩波委員会訳聖書）や、異色のものでは、岩手県の気仙方言で翻訳した山浦玄嗣《はるつぐ》医師（カトリック信者）による『ケセン語訳聖書』などもあります。

この本を編むにあたっては、草思社の木谷東男氏、相内亨氏にお世話になりました。とりわけ相内氏には総合的に多大なご助力をいただき、充実した本になりました。ありがとうございました。

【新約聖書の27文書】

〈文語訳〉		〈新共同訳〉
マタイ伝福音書	―	マタイによる福音書
マルコ伝福音書	―	マルコによる福音書
ルカ伝福音書	―	ルカによる福音書
ヨハネ伝福音書	―	ヨハネによる福音書
使徒行伝	―	使徒言行録
ロマ人への書	―	ローマの信徒への手紙
コリント人への前の書	―	コリントの信徒への手紙一
コリント人への後の書	―	コリントの信徒への手紙二
ガラテヤ人への書	―	ガラテヤの信徒への手紙
エペソ人への書	―	エフェソの信徒への手紙
ピリピ人への書	―	フィリピの信徒への手紙
コロサイ人への書	―	コロサイの信徒への手紙
テサロニケ人への前の書	―	テサロニケの信徒への手紙一
テサロニケ人への後の書	―	テサロニケの信徒への手紙二

〈文語訳〉		〈新共同訳〉
テモテへの前の書	―	テモテへの手紙一
テモテへの後の書	―	テモテへの手紙二
テトスへの書	―	テトスへの手紙
ピレモンへの書	―	フィレモンへの手紙
ヘブル人への書	―	ヘブライ人への手紙
ヤコブの書	―	ヤコブの手紙
ペテロの前の書	―	ペトロの手紙一
ペテロの後の書	―	ペトロの手紙二
ヨハネの第一の書	―	ヨハネの手紙一
ヨハネの第二の書	―	ヨハネの手紙二
ヨハネの第三の書	―	ヨハネの手紙三
ユダの書	―	ユダの手紙
ヨハネの黙示録	―	ヨハネの黙示録

【主な参考・引用文献】

『舊新約聖書　文語訳』日本聖書協会
『文語訳 新約聖書　詩篇付』岩波文庫
『聖書　新改訳』日本聖書刊行会
『聖書　口語訳』日本聖書協会
『聖書　新共同訳』日本聖書協会
『新約聖書　改訂版』フランシスコ会聖書研究所訳注、中央出版社
『新約聖書　福音書』塚本虎二訳、岩波文庫
『聖書辞典』桑田秀延ほか監修、日本基督教団出版局
『聖書辞典』新教出版社編
『聖書名言辞典』荒井献・池田雄一編著、講談社
『「新約聖書」の誕生』加藤隆、講談社選書メチエ
『新約聖書を語る』佐古純一郎、NHK出版
『新約聖書入門』三浦綾子、光文社文庫
『釜ケ崎と福音』本田哲郎、岩波書店
『小さくされた者の側に立つ神』本田哲郎、新世社
『聖書を発見する』本田哲郎、岩波書店
『イエスとその時代』荒井献、岩波書店
『旧約新約聖書時代史』山我哲雄・佐藤研、教文館
『聖書の起源』山形孝夫、講談社
『聖書物語』山形孝夫、岩波書店
『聖書入門』小塩力、岩波書店
『キリスト教史1〜11』平凡社ライブラリー
『キリストにならいて』トマス・ア・ケンピス、池谷敏雄訳、新教出版社
『マルティン・ルター　ことばに生きた改革者』徳善義和、岩波新書
『聖書物語　新約篇』パール・バック、刈田元司訳、現代教養文庫
『福音主義神学入門』カール・バルト、加藤常昭訳、新教出版社
『キリスト教神学入門』A・E・マクグラス、神代真砂実訳、教文館
『名画と読むイエス・キリストの物語』中野京子、大和書房
「日本聖書協会ホームページ http://www.bible.or.jp/」

著者略歴――――

齋藤孝 さいとう・たかし

1960年、静岡県生まれ。東京大学法学部卒業。同大学大学院教育学研究科博士課程を経て、現在、明治大学文学部教授。専攻は教育学、身体論、コミュニケーション技法。著書に『宮沢賢治という身体』（世織書房、宮沢賢治賞奨励賞）、『身体感覚を取り戻す』（日本放送出版協会、新潮学芸賞）、『三色ボールペンで読む日本語』（角川文庫）、『読書力』（岩波新書）など多数。2001年刊行の『声に出して読みたい日本語』（草思社、毎日出版文化賞特別賞）は、続篇（6巻まで刊行）、関連書をあわせて260万部を超えるベストセラーとなっている。NHK・Eテレ「にほんごであそぼ」総合指導。近著に『現代語訳 学問のすすめ』『現代語訳 論語』（ちくま新書）、『孤独のチカラ』（新潮文庫）、『声に出して読みたい論語』『声に出して読みたい親鸞』『声に出して読みたい志士の言葉』『声に出して読みたい古事記』（草思社）、『古典力』（岩波新書）、『雑談力が上がる話し方』（ダイヤモンド社）、『偏愛力』（大和書房）ほか多数。

声に出して読みたい新約聖書

〈文語訳〉

2015年8月21日 第1刷発行

著者 齋藤 孝
装幀者 前橋隆道
発行者 藤田 博
発行所 株式会社 草思社
〒160 0022 東京都新宿区新宿5 3 15
電話 営業 03(4580)7676 編集 03(4580)7680
振替 00170-9-23552

印刷所 中央精版印刷株式会社
製本所 株式会社坂田製本

ISBN978-4-7942-2151-3 Printed in Japan 検印省略

草思社刊

声に出して読みたい論語

齋藤孝 著

日本でこそ論語は生きている。論語素読の再評価を提唱。100の言葉を選び出し、音読できるように大活字・総ルビで組んだ論語の本。現代語訳と著者の解説を付す。

本体 1,400円

声に出して読みたい親鸞

齋藤孝 著

「歎異抄」「教行信証」「和讃」などから代表的100語を選び、朗読用に大活字・総ルビで組む。声に出してこそ親鸞の真髄がわかる。齋藤先生の現代的解釈が楽しい。

本体 1,400円

声に出して読みたい志士の言葉

齋藤孝 著

吉田松陰、龍馬、晋作、西郷など幕末維新の志士たちの熱血の名言を集めて解説を付す。現代に生かす叡智を学ぶ著者独自の楽しい解説。生きる勇気が湧いてくる。

本体 1,400円

声に出して読みたい古事記

齋藤孝 著

日本の国生み伝説を原文で読む。天岩戸伝説や因幡の白兎、八岐の大蛇退治など、不思議で奇怪な物語の数々。原日本語の面白さを朗誦することで味わう。

本体 1,400円

＊定価は本体価格に消費税を加えた金額になります。